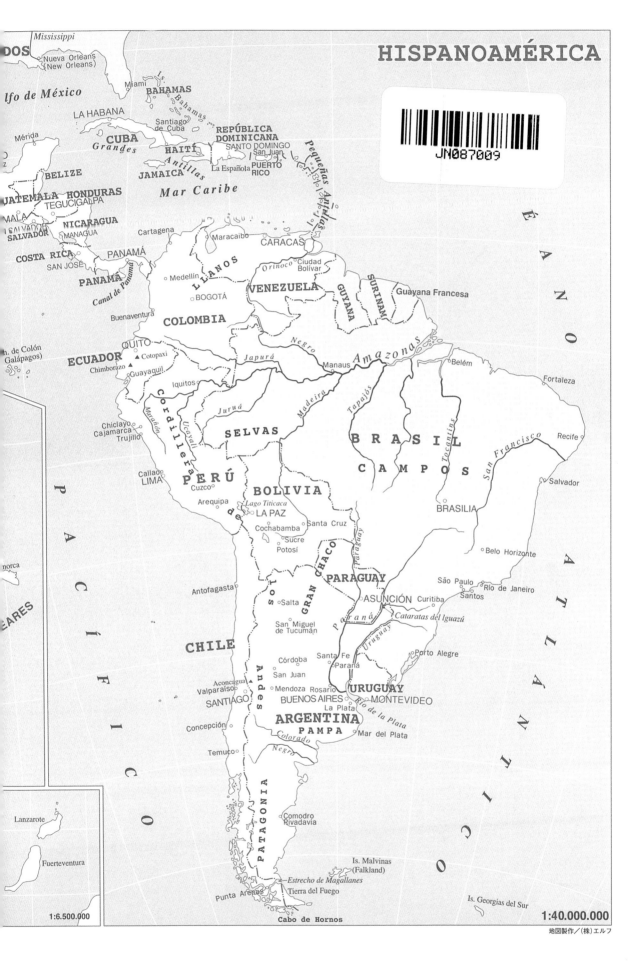

HISPANOAMÉRICA

JN087009

Mississippi
DOS
lfo de México
Nueva Orleans
(New Orleans)
Miami
Is.
BAHAMAS
Bahamas
LA HABANA
Santiago
de Cuba
REPÚBLICA
DOMINICANA
Mérida
CUBA
Grandes
SANTO DOMINGO
San Juan
z
HAITÍ
Antillas
La Española
PUERTO
RICO
BELIZE
JAMAICA
Pequeñas Antillas
UATEMALA HONDURAS
Mar Caribe
MALA
TEGUCIGALPA
I SALVADOR
NICARAGUA
SALVADOR
MANAGUA
Cartagena
Maracaibo
CARACAS
COSTA RICA
PANAMÁ
Orinoco Ciudad
Bolívar
SAN JOSE
Medellín
LLANOS
VENEZUELA
GUYANA
SURINAM
Guayana Francesa
PANAMÁ
BOGOTÁ
Canal de Panamá
Buenaventura
COLOMBIA
h. de Colón
Galápagos)
QUITO
Negro
Amazonas
Belém
ECUADOR
Cotopaxi
Japurá
Manaus
Fortaleza
Chimborazo
Guayaquil
Iquitos
Marañón
Juruá
Madeira
Tapajós
Tocantins
San Francisco
Recife
Chiclayo
Cajamarca
Trujillo
Ucayali
SELVAS
BRASIL
Callao
LIMA
PERÚ
CAMPOS
Salvador
Cuzco
BOLIVIA
Arequipa
Lago Titicaca
LA PAZ
BRASILIA
Cochabamba
Santa Cruz
Sucre
Potosí
Belo Horizonte
CHACO
PARAGUAY
São Paulo
Río de Janeiro
Antofagasta
GRAN
ASUNCIÓN
Curitiba
Santos
Paraguay
Salta
Cataratas del Iguazú
San Miguel
de Tucumán
Paraná
Uruguay
CHILE
Córdoba
Santa Fe
Porto Alegre
San Juan
Paraná
Aconcagua
Valparaíso
Mendoza
Rosario
URUGUAY
SANTIAGO
BUENOS AIRES
MONTEVIDEO
La Plata
Río de la Plata
Concepción
ARGENTINA
PAMPA
Mar del Plata
Colorado
Temuco
Negro
PATAGONIA
Comodro
Rivadavia
Lanzarote
Is. Malvinas
(Falkland)
Fuerteventura
Estrecho de Magallanes
Punta Arenas
Tierra del Fuego
Is. Georgias del Sur
Cabo de Hornos

norca
EARES

PACÍFICO

ATLÁNTICO

OCÉANO

1:6.500.000

1:40.000.000

地図製作／(株)エルフ

改訂版
スペインを知るために

西川 喬
セフェリーノ・プエブラ

Espaňa al Día

第三書房

　外国語を学ぶのは，たとえば飛行機が離陸するときの様子に似ています。止まっていた飛行機はゆっくりと動きはじめて，少しずつスピードをあげていきます。それでも，なかなか地面を離れてくれません。そしてようやく，機体は突然地面を蹴って大空に向かって飛翔します。助走のあいだはどうして早く上に行かないのかと，歯がゆい気持ちになるものです。スペイン語の基礎文法を一通り終わって次の段階に足を踏み入れたときは，ちょうどこのような感じを持つのではないでしょうか。

　本書はスペイン語の基礎的知識を持つ学生が，さらにそれを広げていく手助けになるように作られました。やさしい文からこみいったことを表現した文へ少しずつ段階的に進めるようにしてあります。各課には文法の主なテーマを決めてありますが，基礎を確認したり，中級の段階でさらに学習したりする事項は「重要表現」としてまとめています。直説法現在のser 動詞から始まって，規則活用，不規則活用，語幹母音変化動詞，再帰動詞などを経て，現在完了，点過去，線過去，過去未来などを復習していきます。最後には，接続法の現在や過去の使い方も確認していきます。文章としてのスペイン語と会話のスペイン語には，他の言語がそうであるように，やはり違いがあります。そうした文体の違いも学べるように 4 課からはいろいろな人物が登場する会話をのせています。

　スペイン語を学ぶ者の動機は実にさまざまです。しかし，どんな動機や目的であれ，スペイン語が話されている国や人々に無関心ということはないはずです。スペイン語はスペインのほかにラテンアメリカの 19 の国でも使われていますが，ここでは主にスペインという国を取り上げ，大きな変貌をとげつつある現代スペインの社会や文化，さらには政治，経済，教育などの基礎的な理解をめざします。20 世紀のスペインは王制，独裁，共和国，内戦，独裁，民主主義と目まぐるしい変化を経験してきました。ことに，その四半世紀の社会の変わりようは，スペイン人自身が驚くほどです。この本はそうした変化をできるだけ新しいデータを使いながら描いています。また，特に 1 章はスペイン語が話されるラテンアメリカの国々にも焦点を当てました。

　スペイン語を効果的に学んでいきながら，同時にこの言葉が話されている社会や人々のことがわかる，というのが本書のねらいです。スペイン語を学ぶ多くの学生諸君がこの言葉の大空に飛び立ち，スペインとその文化について理解を深めていくよう期待します。

　2011 年 1 月

著　者

PRÓLOGO

El presente libro está pensado para estudiantes japoneses que han estudiado ya la gramática básica y desean perfeccionar su comprensión de la lengua y su conocimiento de la sociedad española. Para ello hemos escrito 20 lecciones con lecturas relativamente largas donde se presentan diversos temas culturales, aspectos sociales, el sistema educativo y político, economía y relaciones exteriores de España. También se hacen referencias a los países hispano-americanos y hay una lección exclusivamente dedicada a ellos. A partir de la lección 4, la última parte de la lectura es dialogada.

El nivel de expresión gramatical del libro es progresivo: comienza con frases fáciles de presente de indicativo, continúa con los diversos usos del pasado, futuro y potencial, y finalmente se introducen el presente y pretérito de subjuntivo. También hay frases de imperativo, comparativos, posesivos, relativos, infinitivo, gerundio y participios. Las lecturas van introduciendo gradualmente en el texto esos elementos gramaticales, que figuran al principio de cada lección. El contenido socio-cultural sobre España está muy actualizado y tiene en cuenta los cambios ocurridos en los últimos años. Bastantes datos estadísticos los hemos tomado de los Anuarios editados por el periódico "El País" y de otras publicaciones de actualidad.

Las 20 lecciones tienen una pequeña introducción en japonés del tema cultural de cada lección. También hemos añadido un vocabulario de los términos más importantes y una explicación de las expresiones gramaticales nuevas que aparecen en la lección. De ese modo pensamos que los estudiantes, a la vez que repasan los principales elementos de la gramática, podrán lograr un conocimiento bastante exacto de la realidad socio-cultural y político-económica de la sociedad española actual.

Esperamos que este libro sea de utilidad a los profesores de universidad y sus estudiantes, a quienes invitamos a continuar investigando más a fondo la cultura y sociedad españolas.

Los autores

目　次

挿絵：川田美緒　装丁：みなみのなおこ

LECCIÓN **1** | hay と estar
ser
形容詞

🎧 CD 1 ②   # ESPAÑA, PAÍS ANTIGUO Y MODERNO

スペインはイベリア半島にあって，古い歴史があります。今でも多くのローマ時代の遺跡が残っており，また他の多くの史跡も見られます。美術館や劇場などの文化施設も充実しており，毎年多くの観光客がこの国を訪れます。近年のめざましい経済発展と政治の民主化により，生活様式も変化してきています。古くて，新しい国，それがスペインです。

La Península Ibérica está al suroeste de Europa, a la entrada del Mar Mediterráneo. España está en la Península Ibérica. Es un país muy antiguo y es un lugar de paso de muchos pueblos. Por eso, en España hay restos de varias culturas antiguas: fenicios, griegos, cartagineses, romanos, visigodos y árabes. Pero la cultura hispánica es sobre todo de influencia romana. La lengua, la 5 mentalidad, el derecho, el arte, etc., son productos de la cultura latina.

③   En la Península Ibérica hay dos naciones distintas: España y Portugal. Desde 1641 Portugal es independiente de España. Los dos países son hermanos y vecinos; la historia, la lengua y el modo de vida son muy parecidos. España y Portugal son países marineros; por eso están abiertos al mar y a otros continentes: África, 10 Asia y América.

④   Actualmente hay en España 17 Comunidades Autónomas: Madrid, Castilla y León, Castilla-La Mancha, Extremadura, Andalucía, Murcia, Valencia, Cataluña, Aragón, La Rioja, Navarra, País Vasco, Cantabria, Asturias, Galicia, Islas Baleares e Islas Canarias. Todas ellas, según la Constitución española de 1978, son 15 regiones autónomas con un presidente y gobierno. Allí hay también una asamblea legislativa, tribunal de justicia y otras muchas instituciones administrativas y culturales modernas. En otros países hay alguna región autónoma. Pero en España todas las regiones son autónomas, porque hay diferencias históricas entre ellas. Esto es un caso curioso, típico de España. 20

⑤   La capital de España es Madrid. Ahora es una gran ciudad de 4 millones de habitantes. En Madrid hay muchos edificios antiguos, plazas, museos, parques y lugares interesantes. En el centro de Madrid está la Plaza Mayor. Es muy grande y elegante, con muchos edificios históricos. En el centro de la plaza hay

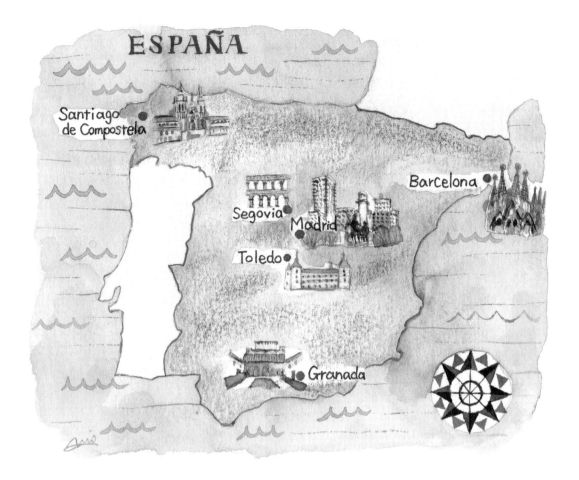

una estatua de Felipe III, rey español del siglo XVII. Cerca de la Plaza Mayor está la famosa plaza Puerta del Sol. Es el centro de Madrid y de España. Allí está el "kilómetro cero", es decir, el punto de partida de todas las carreteras importantes de España. Hay también muchos bares y tiendas de recuerdos. También está la estatua del "oso y el madroño", símbolos de Madrid. La Plaza 5 de Oriente, donde está el Palacio Real, es antigua y muy bella. El Palacio Real es muy bonito, y dentro hay muchas obras de arte y objetos de valor. La Plaza de España también es muy interesante. Allí hay edificios modernos, y en el centro están las estatuas de Cervantes, Don Quijote y Sancho Panza.

6 El Museo del Prado es muy famoso. Allí hay más de 5.000 cuadros de pintores 10 españoles muy importantes: Velázquez, El Greco, Murillo, Goya, etc. También hay muchos cuadros de pintores extranjeros: holandeses, italianos, franceses, alemanes, etc. En Madrid hay otros museos de pintura, como el Museo Reina Sofía. Allí está el famoso cuadro "Guernica" de Pablo Picasso. Hay además muchos museos de artes antiguas y modernas. Cerca del Museo del Prado está 15

el Parque del Retiro. Es muy antiguo y bonito, con estanques, paseos y el
Palacio de Cristal. Son también famosos el Parque del Oeste y el Parque de la
Casa de Campo. La calle de Alcalá, la Gran Vía y el Paseo de la Castellana son
calles muy típicas.

7 Cada año hay muchos turistas en España, porque es un país muy atractivo con 5
muchos monumentos históricos y bellos paisajes. Pero recientemente hay muchos
cambios en la política y economía. Ahora España es un país democrático y la
situación económica es estable. Además es desde 1986 un país miembro de la
Unión Europea. Con lugares históricos y nuevos cambios, España es un país
antiguo y moderno. 10

p. 6	3	**pueblo**	民族
	5	**sobre todo**	特に
	6	**mentalidad**	国民性
		derecho	法律
		etc.	など（etcétera）
	10	**estar abierto**	開かれている
	12	**Comunidad Autónoma**	自治州
	16	**asamblea legislativa**	立法議会
	17	**tribunal de justicia**	裁判所
		institución administrativa	行政機関
p. 7	1	**Felipe III**	フェリーペ3世（Felipe tercero）
		siglo XVII	17世紀（siglo diecisiete）
	3	**es decir**	つまり
	4	**tienda de recuerdos**	土産物店
	5	**el oso y el madroño**	熊とマドローニョの木
	6	**Palacio Real**	王宮
	13	**Museo Reina Sofía**	ソフィア王妃美術館（この美術館は正式には「国立ソフィア王妃芸術センター（Museo Nacional Centro de Arte Reina Sofía）」と呼ばれる）
p. 8	2	**Palacio de Cristal**	ガラス館
		Parque del Oeste	西公園
		Parque de la Casa de Campo	カサ・デ・カンポ公園
	3	**Paseo de la Castellana**	カステリャーナ通り
	8	**país miembro**	加盟国
	9	**Unión Europea**	ヨーロッパ連合（EU）

1. 存在を表す hay と estar の違い

どちらの動詞も日本語にすると，「～がいます」「～があります」となります。人にも物にも使えますが，きちんとした違いがあります。

hay は，〈不定冠詞＋名詞〉のように，特定されていない人や物を表す名詞とともに用いられます。

¿Qué **hay** en la mesa? — **Hay** un libro de texto en la mesa.

En esta ciudad **hay** una catedral muy grande.

¿Por aquí cerca **hay** un hotel? — Sí, **hay** uno cerca de aquí.

Aquí **hay** mucha gente.

estar は，〈定冠詞＋名詞〉のように，特定された人や物を表す名詞とともに用いられます。

¿Dónde **está** la estación? — La estación **está** allí.

¿En esta calle **está** el hotel? — Sí, el hotel **está** en esta calle.

El Sr. González **está** ahora en casa.

2. 関係副詞 donde

先行詞は場所を表す名詞に限られます。場所を表す名詞を先行詞とした en（el）que と同じ使い方になります。

Este es el salón **donde** celebran la ceremonia.

Esta biblioteca, **donde** hay muchos libros extranjeros también, es muy antigua.

3. -mente の副詞

形容詞に -mente をつけると副詞になります。-o で終わる形容詞は -a に変えて，それ以外の形容詞には，そのまま -mente をつけます。2個以上並ぶときは最後の語にだけ -mente がつきます。

El barco avanza al puerto **lentamente**.

Ahora en ese país la situación es estable **económica y políticamente**.

LECCIÓN	**2**	直説法現在規則活用 -ar 動詞

LENGUA Y COSTUMBRES VARIADAS

8

スペインの公用語（lengua oficial）は，カスティリア語（castellano）です。もともとはカスティリア語は，カスティリア地方で話されるスペイン国内の一方言でした。モーロ人から国土を奪回するための戦争であるレコンキスタ（Reconquista）の中でカスティリア王国が成立しますが，この王国は次第に勢力を増し，ついにはスペイン統一の中心的な役割を果たしました。この過程でカスティリア王国の公用語であったカスティリア語は次第にスペインの言語＝スペイン語（español）と同等になっていき，ついにはスペインの公用語として認められるようになったのです。ただし，現代のスペインでは，カスティリア語とともに，地方の言語（lenguas regionales）がその自治州の公用語として認められています。

Hoy día muchos extranjeros visitan España. España es un país de clima agradable, con mucho sol, playas preciosas, buena comida y muchos lugares para pasar bien las vacaciones. Además hay mucha variedad en las diferentes regiones; la vida y costumbres de la gente son muy diferentes según los lugares. El modo de edificar las casas, la música popular, los trajes regionales, la cocina, etc., 5 también son muy distintos en cada región.

9   También hay varias lenguas en España actualmente; pero la lengua común del país es el castellano o español. El idioma español es una lengua latina, con muchas palabras griegas, visigóticas y sobre todo árabes. La gramática española es muy exacta y compleja, pero la pronunciación es muy clara y fácil. Hay cinco 10 vocales simples como en japonés. Por eso, para los estudiantes japoneses la pronunciación española es fácil. Al principio el estudio del español es duro, pero después llega a ser una lengua agradable y bonita. Además el español es un idioma muy útil, porque casi 400 millones de personas hablan esa lengua en todo el mundo. Sobre todo en Hispanoamérica el español es la lengua oficial desde 15 México en el norte hasta Chile y Argentina en el sur. También habla español mucha gente en Estados Unidos, en varios países de Europa y África, y en Filipinas. En Japón, en estos últimos años, muchos profesores y estudiantes, empleados de compañías, investigadores, diplomáticos, etc., hablan español muy bien. Hablar español no es difícil; el problema es usar bien la gramática. 20

10

10　¿Cuántas lenguas hay ahora en España? Además del español o castellano, hay otras 3 lenguas vivas: catalán, gallego y vasco. El catalán y el gallego son también lenguas latinas, hermanas del castellano. El vasco es una lengua muy antigua diferente del latín. El catalán es la lengua de Cataluña, es decir, la región del nordeste de España donde está Barcelona. Es una región muy industrial, culta y ⁵ avanzada. El gallego es la lengua de Galicia, región del noroeste de España en la costa del Océano Atlántico. Allí está la famosa ciudad de Santiago de Compostela. Mucha gente europea y de otros países visitan esta ciudad todos los años por el "camino de Santiago". El vasco es la lengua del País Vasco, región del norte de España, junto a los Pirineos. En esa región una ciudad muy importante es ¹⁰ Bilbao.

11　Actualmente, según la Constitución española de 1978, estas lenguas regionales son también oficiales en esas Comunidades Autónomas, junto con el español.

Hay periódicos, revistas, emisoras de radio y televisión en esas lenguas. Son una gran riqueza cultural y por eso ahora están protegidas. La gente estudia y habla las lenguas regionales libremente. A veces los dirigentes usan esas lenguas locales para fines políticos y hay algunos problemas. En las escuelas de enseñanza primaria y secundaria los niños estudian el castellano y la lengua de su región. 5 En las universidades hay algunas clases en castellano y otras en catalán, gallego o vasco. Por eso los estudiantes de esas regiones estudian varias lenguas: español, alguna lengua extranjera y la lengua regional. Los políticos de esas Comunidades Autónomas con frecuencia hablan en la radio y televisión en esas lenguas regionales. Cuando hablan por televisión para todo el país, hay subtítulos en castellano. La 10 gente de otras regiones mira esos subtítulos para entender los discursos y mensajes de los políticos.

⑫ Como la lengua, también la gente, las costumbres y la cultura de España son bastante diferentes en algunas regiones. En el norte de España, la influencia europea es muy grande; la gente es callada y seria, sobre todo los castellanos. 15 Los catalanes son especialmente trabajadores. En el sur, la gente es muy alegre y disfruta mucho de la vida. La influencia de la cultura árabe es muy fuerte. Por eso la arquitectura, el folklore, el baile flamenco, etc., de Andalucía son típicos de esa región.

p. 10	7	**varias**	いくつかの
	8	**o**	すなわち
		lengua latina	ラテン系の言語
	13	**llegar a ～**	～になる
	15	**Hispanoamérica**	イスパノアメリカ(スペイン語が話されるラテンアメリカ諸国)
p. 11	1	**además de ～**	～以外に(～に以外にさらに)
	2	**lengua viva**	現在使われている言語
		catalán	カタルーニャ語
		gallego	ガリシア語
		vasco	バスク語
	9	**camino de Santiago**	p. 84, 3 行目の注参照.
p. 12	4	**enseñanza primaria y secundaria**	初等および中等教育
	11	**subtítulo**	字幕
		discurso	演説
	17	**disfrutar de ～**	～を楽しむ

1.　hablar の直接目的語になる言語名

hablar の直接目的語に言語名が置かれるときには，現代では定冠詞をつけないのが一般的です。

> Jorge **habla francés**.
>
> Ellos no **hablan** muy bien **español**.
>
> Luisa **habla** bastante bien **italiano**, **portugués** y **alemán**.

2.　cuánto の使い方

副詞として使われる場合には，性数の変化をしません。

> **¿Cuánto** es? — Son dos euros.
>
> **¿Cuánto** necesitas? — Necesito mucho dinero.

形容詞として使われる場合には，かかる名詞と性数一致をします。

> **¿Cuántas** lenguas extranjeras habla él? — Habla tres lenguas.
>
> **¿Cuántos** empleados trabajan en este banco? — Ochenta empleados trabajan
>
> 　aquí.

3.　〈**ser · estar** + 形容詞〉

〈estar + 形容詞〉は一時的な状態を表します。〈ser + 形容詞〉は主語の永続的な性質を表します。ただし，vivo と muerto は estar とともに用いられます。

> La gente de la región **es** muy **callada**.
>
> Juan **está** muy **ocupado** ahora.
>
> Todos los náufragos **están vivos**.

| LECCIÓN | **3** | 直説法現在
-er 動詞，-ir 動詞
目的格人称代名詞 |

LA COMIDA ESPAÑOLA

ずいぶん以前にはスペインでは一日に5回食べると言われてきました。朝食（desayuno），中食（almuerzo），昼食（comida），軽食（merienda），夕食（cena）の5回です。しかし，現在では生活が変化してきていて，特に都会ではこの習慣はだんだんと後退しているようです。このため，almuerzo は昼食の意味でも使われますが，特にホテルなどでしか使われないといった限定的な使用になっているようです。昼食が一日のメインですので，たっぷりと時間をかけます。言葉も，comer は「昼食をとる」の意味で使われることが多いのはこのためです。子供たちはいまでも6時頃軽食（merienda）を取りますが，忙しい都会では，一般に取らなくなってきています。しかし，こうした多食の伝統がバル（bar）でちょっとしたつまみ（tapa）を取ることにつながっていると考えられます。

La comida es muy variada en las diferentes regiones del norte, centro, sur y este de España. Ahora hay restaurantes de comida española en bastantes países del mundo. Muchos extranjeros creen que la comida española es muy picante, pero no es cierto. Confunden la comida española con la de México, por ejemplo. En la comida española los sabores son muy simples. No hay demasiadas salsas, 5 para apreciar el sabor auténtico de los alimentos. El aceite de oliva es muy importante en la comida española; pero ahora la gente usa también otros aceites para cocinar: de soja, de girasol, etc.

14 ¿Qué comen los españoles normalmente? En las familias la gente toma una sopa, pescado o carne, una ensalada y postre. Los españoles comen bastante 10 cerdo, porque es una carne sabrosa y hay muchos modos de cocinarlo. El "jamón serrano" y el "chorizo" son muy variados y deliciosos. Además del cerdo, los españoles comen otras carnes también: vaca, cordero, conejo y pollo. Un plato muy típico de la comida española es la "tortilla", de huevos y patatas. También la "paella" es una comida española muy famosa. Los españoles no la toman a 15 diario porque es difícil de cocinar. La paella es una comida de arroz con mariscos o trozos de carne. En España la gente come también mucho pescado, sobre todo en el norte y en la costa del Mediterráneo.

15 El horario de las comidas en España es diferente al de Japón. Normalmente los españoles toman 3 comidas. Toman el desayuno a las 7 o las 8. Es bastante 20

ligero: café con leche y un poco de pan con mantequilla. Comen hacia las 2 de la tarde y cenan hacia las 9 de la noche. Pero en los bares la gente toma muchas tapas con la bebida. Hay muchas clases de tapas: de tortilla, jamón, chorizo, queso, etc. Las tapas son baratas y muy útiles para comer rápidamente. Además es muy fácil pedirlas, porque están en la barra a la vista. Por eso los extranjeros ₅ las comen con frecuencia.

⑯　Con la comida los españoles beben vino. Los vinos españoles son fuertes y sabrosos. Hay muchas clases de vino tinto y blanco: de Rioja, Cataluña, Ribera del Duero, La Mancha, etc. En Japón últimamente también hay bastantes vinos españoles. La ley española permite beber vino a todas las personas, desde los 16 ₁₀ años de edad. Así, aunque hay mucha libertad para beber, no hay muchos borrachos en España. Además los españoles beben vino, cerveza y otros licores en los bares para alternar con los amigos y familiares. Mientras bebe, la gente charla y pasa el tiempo alegremente con los amigos. En las universidades españolas también hay bares donde los estudiantes beben con los compañeros en las horas libres.

17 En España hay también restaurantes de comida china y japonesa. Son bastante buenos y un poco caros. Pero los platos de comida en los restaurantes japoneses de España no son exactamente como los de Japón. Allí, por ejemplo, no usan 5 tantas salsas, las verduras son distintas y la carne es menos blanda. En estos últimos años también la comida italiana es popular en España. La gente la toma con frecuencia en los lugares de turismo. Pero para los españoles la comida italiana es floja, porque casi todo es "pasta". En la comida tradicional española, la pasta la usan sobre todo para las sopas. También hay en España restaurantes 10 de comida francesa. Pero hay demasiadas salsas en ella, y los sabores son poco naturales.

18 Recientemente los jóvenes españoles toman comidas ligeras y rápidas, como los extranjeros. Además bastantes mujeres trabajan fuera de casa y no cocinan con frecuencia. Por eso la gente come a menudo en un restaurante. Los 15 restaurantes ahora son algo caros, como en otros países europeos. Pero cuando la gente compra alimentos en los mercados, son todavía bastante baratos. En la civilización mediterránea, como la española, la comida y la bebida son muy importantes. Por eso una buena comida y un buen vino son muy necesarios no sólo para alimentar el cuerpo, sino también para disfrutar de la vida y fomentar 20 la amistad.

p. 14	11	**jamón serrano**	セラノ・ハム(生ハム)
	12	**chorizo**	チョリーソ(香辛料をきかした腸詰め)
	14	**tortilla**	トルティーリャ(スペイン風オムレツ)
p. 15	1	**café con leche**	カフェ・オレ
	3	**clases de**	～の種類の
	5	**estar a la vista**	見えている
	8	**vino tinto**	赤ワイン
	13	**alternar con ～**	～と親しくつき合う
p. 16	9	**flojo**	(料理に)めりはりのない，メイン料理がない
	13	**comida ligera y rápida**	軽いファースト・フード
	20	**alimentar el cuerpo**	体に栄養を与える
		fomentar la amistad	友情をはぐくむ

1. 動詞 creer の使い方

creer は「信じる」の意味よりも「〜だと思う」の意味でよく使われます。文を目的語にするには接続詞の que をこの動詞の後に置きます。

Creo que muchos japoneses visitan España en verano.

Mis padres **creen que** yo estudio mucho en la universidad.

2. 直接目的語の名詞を代名詞で繰り返す場合

通常，直接目的語になる名詞は動詞の後に置かれます。しかし，強調するなどの理由で動詞の前に置かれると，この名詞を受ける代名詞を動詞の前に置くのがふつうです。

También **el arroz lo** comen los españoles.

Las sopas a la española no **las** toman los japoneses en casa.

3. 定冠詞の代名詞的用法

同じ語句が文中で繰り返される場合，定冠詞が代名詞のような働きをします。別の見方をすれば，定冠詞だけを残して繰り返されるべき名詞が省略されたと考えることもできます。

La comida española es diferente a **la** japonesa.

Los castillos de Japón no son parecidos a **los** de Europa.

FIESTAS POPULARES ESPAÑOLAS

[19] スペインには古くからいろいろな祭りがあります。マドリードのサン・イシドロ祭（las fiestas de San Isidro），ビルバオの大週間祭（la Semana Grande），バルセローナのメルセー祭（las fiestas de la Merced），サラゴサのピラール祭（las fiestas del Pilar）など数多くありますが，スペイン三大祭りといえば，バレンシアの火祭り（las Fallas），セビージャの春祭り（la Feria），パンプローナのサン・フェルミン祭（San Fermín）が挙げられます。ほとんどが宗教的な起源を持っていますが，決して排他的ではなく，だれもが参加できる楽しい催しになっています。

En España hay muchas fiestas populares y en ellas participa casi toda la gente del pueblo o del barrio de una ciudad. Son muy famosas las fiestas de las grandes ciudades y duran casi 2 semanas. Por ejemplo: las Fallas de Valencia (marzo), la Feria de Sevilla (abril), las fiestas de San Isidro en Madrid (mayo), las fiestas de San Fermín en Pamplona (julio), la Semana Grande de Bilbao (agosto), las 5 fiestas de la Merced en Barcelona (septiembre), las del Pilar de Zaragoza (octubre). Pero en todas las ciudades pequeñas y pueblos hay fiestas una vez al año, sobre todo en los meses de primavera y verano. Bastantes de estas fiestas son de origen religioso, pero actualmente hay también otras muchas actividades de pasatiempo, culturales, deportivas, etc., en esos días. 10

[20] Las Fallas de Valencia son famosas en toda España y en otros países. Durante el año unos artistas especiales hacen enormes muñecos de cartón y madera, y los colocan en varios lugares de la ciudad. El 19 de marzo por la noche los queman todos a la vez y lanzan fuegos artificiales; la ciudad es como una hoguera inmensa. En Sevilla, durante la Feria de abril, caballeros y señoritas llevan trajes 15 andaluces muy elegantes y pasean a caballo por las calles del ferial. Allí hay muchas casetas donde la gente bebe vino y toma tapas. Por la tarde asisten a la corrida de toros. Por la noche cantan y bailan flamenco, sobre todo danzas sevillanas.

[21] En Madrid, Barcelona, Bilbao y Zaragoza durante las fiestas hay muchos 20 desfiles, conciertos, competiciones deportivas, festivales de música moderna, bailes, etc. Además en todas esas ciudades hay corridas de toros en esos días. Es un

espectáculo muy original y peligroso para el torero. En España hay unas 200 plazas de toros. También hay plazas de toros en Hispanoamérica, Francia y Portugal. Los "encierros" de las fiestas de San Fermín de Pamplona son famosos en el mundo entero. Los días de las corridas, por la mañana, sacan los toros de un corral y los hacen correr por una calle hasta la plaza de toros. Muchos jóvenes 5 y aficionados corren delante y detrás de los toros; es una carrera rápida de unos 5 minutos hasta la plaza. A veces es peligroso porque la gente cae al suelo, y los toros los pisan o los pinchan con los cuernos.

22 Antonio, estudiante de derecho en la universidad de Navarra, después del "encierro" está en un bar con una amiga japonesa, Madoka. Ella estudia cultura 10 comparada y desea saber más sobre las fiestas en España.

— ¿Por qué hay tantas corridas de toros en España? — pregunta Madoka.

— Porque es una costumbre muy popular. Además en las fiestas la gente desea ver a los toreros famosos y encontrar a los amigos en la plaza de toros.

— ¿Son muy antiguas las corridas de toros?

— Sí. Desde la Edad Media ya hay fiestas de toros en España. Pero desde el siglo XVIII los toreros son profesionales y el espectáculo es como en las corridas actuales: hay 3 toreros; cada torero torea y mata 2 toros.

— ¿Por qué usa el torero un paño rojo y una espada?

— Porque los toros sólo ven el color rojo; así el torero engaña al toro y lo lleva por donde él desea. Al final el torero mata al toro con la espada.

— Las corridas y los encierros salen a menudo en las obras de arte, ¿verdad?

— Sí. Hay muchas obras de música, pintura y sobre todo literatura donde salen toreros. Especialmente Ernest Hemingway habla de las corridas y los encierros de Pamplona en los relatos *Fiesta* y *Muerte en la tarde*.

— Además de los toros, ¿hay otras diversiones en las fiestas populares?

— Claro. Hay muchos espectáculos interesantes para los niños y los adultos. Hay deportes, concursos, bailes al aire libre, etc. Las fiestas populares son muy antiguas y están dentro de la cultura y la historia del país. Además son muy pintorescas y variadas en las diferentes regiones.

p. 18	1	**fiesta popular**	お祭り
	10	**pasatiempo**	娯楽，気晴らし
	14	**fuegos artificiales**	花火
	16	**ferial**	祭りが行われる場所
	17	**caseta**	(祭りのときの)テント小屋
	21	**desfile**	行列
p. 19	1	**original**	ほかに類のない
	3	**encierro**	(牛を闘牛場に追い込む)牛追い
	5	**corral**	(闘牛を入れておく)囲い場
	10	**cultura comparada**	比較文化
p. 20	2	**costumbre muy popular**	よく知られた習慣
	5	**Edad Media**	中世
	9	**engañar**	あざむく
		llevar	(牛を)あしらう，動かす
	14	*Fiesta*	『日はまた昇る』英語題名 *The sun also rises*
	17	**al aire libre**	野外で(の)
	19	**pintoresco**	華やかな

1. 使役として使われる hacer

　他者にある行為をさせることを表す文を使役文と言います。hacer はある行為を強いる場合に使います。強制的に「〜させる」という意味になります。通常，hacer の直後に不定詞がきます。被使役者を代名詞で表す場合は，不定詞の後ろに連ねて書くことはできません。

> El jefe **hace** trabajar a Antonio hasta muy tarde.
>
> Ella siempre me **hace** esperar. (× Ella siempre hace esperarme.)

2. 動詞 llevar の使い方

　よく使われる意味としては，「持っていく，連れていく」と「身につけている，着ている」があります。最初の意味の延長として，本文でもあるように「闘牛を操る，動かす」の意味になることもあります。二番目の意味では，身につけるもの全てを目的語に取ることができます。日本語では，「帽子をかぶる」や「イヤリングをする」など動詞がいろいろ変わりますが，スペイン語ではこの動詞だけで充分です。なお，ponerse は身につける行為を表しますが，llevar は身につけている状態を表します。「着る」と「着ている」の違いです。

> El torero **lleva** al toro por donde él desea.
>
> Mis padres nos **llevan** al cine los sábados.
>
> Mucha gente **lleva** aquí un traje elegante.

3. 数字の前の不定冠詞複数形

　数字の前に不定冠詞の複数形が置かれると「おおよそ」の意味になります。

> En esta Universidad hay **unos** 7000 estudiantes.
>
> **Unas** 150 mujeres se reúnen aquí para discutir sobre el tema.

[23]   **LOS DEPORTES EN ESPAÑA**

　一般にスペインではスポーツは，自ら行うのではなく，見るスポーツが主流と言われていました。特に，サッカー（fútbol），バスケットボール（baloncesto），テニス（tenis）などがよくテレビで放映されます。中でも，サッカーはもっとも人気が高く，決勝戦などの試合の日は通りに人が少なくなるほどです。また，空き地や広場などで楽しんでいる子供たちも多く見られます。サッカーくじ（quinielas）も公認されており，このくじを買った人々は試合にさらに熱狂することになります。しかし，近年若者を中心にして「参加するスポーツ」も盛んになってきました。テニス，ゴルフ，ヨット，スキー，乗馬など他のヨーロッパの国でも行われるスポーツが人気を集めています。

　Los españoles en general no son muy fuertes en deportes. El gran esfuerzo y dedicación necesarios para un deportista no son parte del carácter español. A los españoles les gusta más estar con los amigos e ir a los bares y otros lugares de diversión, y a muchos les gusta ver deportes en la televisión. Sin embargo, recientemente los jóvenes practican bastantes deportes.   5

[24]　En España hay mucha afición al fútbol. Sobre todo, después de la Guerra Civil el fútbol es el "deporte rey" en España, como el béisbol en Japón. En todas las ciudades grandes y pequeñas hay equipos de fútbol profesional. Algunos equipos famosos existen desde finales del siglo XIX. Además los niños y jóvenes juegan a fútbol en los colegios y en cualquier lugar espacioso. Con un balón, los 10 chicos practican el fútbol en todos los lugares y tiempos.

[25]　El fútbol profesional en España es ya antiguo. Hay varias "divisiones": primera, segunda, tercera y regional. Los equipos de las grandes ciudades (Madrid, Barcelona, Bilbao, Valencia, etc.) son muy fuertes y los jugadores ganan mucho dinero. Los equipos llevan el nombre de la ciudad y representan a esa ciudad o 15 pueblo. Por eso los aficionados o "hinchas" sienten gran afición por el equipo de ese lugar y lo apoyan siempre. A menudo los hinchas viajan a otras ciudades para animar al equipo cuando juega fuera. Además colaboran a la economía del equipo: son "socios" y pagan una cantidad de dinero al mes.

[26]　Hoy día el fútbol profesional es un gran negocio. Los equipos son empresas 20 comerciales y cuentan con una base económica muy fuerte, una administración

muy técnica, inversiones financieras, etc. El presupuesto anual de los grandes equipos es enorme y los sueldos de los jugadores son inmensos. Además los equipos de primera división contratan a muchos jugadores y entrenadores extranjeros. Por eso bastantes equipos españoles de fútbol parecen equipos internacionales. Esos equipos todavía atraen a muchos aficionados. Pero por ⁵ estos cambios, y porque las entradas son caras, actualmente hay menos afición al fútbol profesional. En la televisión ponen partidos de fútbol los sábados y domingos, y a veces otros días también. Las "quinielas" son apuestas sobre los resultados de 15 partidos de fútbol. Son muy populares y los acertantes ganan mucho dinero. ¹⁰

27 Además del fútbol, ahora en España mucha gente joven practica otros deportes, sobre todo tenis, balonmano, baloncesto, balonvolea, golf, carreras de motos y coches, ciclismo, etc. En todos esos deportes hay ahora buenos deportistas españoles, hombres y mujeres. Además, a partir de la Olimpiada de Barcelona de 1992, bastantes deportistas españoles ganan medallas en diversas competiciones ¹⁵ deportivas. Especialmente entre los jóvenes hay mucha afición a deportes nuevos, como el atletismo, gimnasia, yudo, etc. También las mujeres practican ahora deportes profesionales con mucho éxito.

28 En la cafetería de la universidad, Madoka y Antonio comentan sobre los deportes mientras ven un partido de fútbol en la televisión.

—Recientemente, algunos futbolistas japoneses juegan en Europa, ¿verdad?

—Sí —responde Antonio —. Hay jugadores japoneses en Italia y España. Ahora muchos futbolistas extranjeros juegan aquí; por eso los hinchas sienten menos 5 simpatía por el equipo.

—¿Las mujeres en España hacen mucho deporte?

—Las chicas españolas ahora son muy liberales y la sociedad es bastante abierta. Por eso las jóvenes practican mucho el tenis, balonvolea, gimnasia rítmica, hockey, etc. 10

—Además del fútbol, ¿en España hay otros deportes profesionales?

—Claro. Ahora son muy populares el ciclismo, baloncesto, natación y otros deportes olímpicos difíciles. El gobierno promociona mucho los deportes.

—¿Hay en España un cambio socio-cultural respecto al ocio?

—Sí. Los jóvenes abandonan poco a poco las diversiones tradicionales, como 15 los toros y el fútbol. Ellos son muy europeos y disfrutan del tiempo libre con actividades de esta época: música, cine, vídeos, juegos de ordenador, viajes, etc.

p. 22	6	**Guerra Civil**	内戦，特にスペイン内戦（1936–1939）
	10	**colegio**	学校（大学を除く初等・中等学校）
		lugar espacioso	空き地
	12	**división**	（サッカーの）リーグ，等級
	18	**animar**	応援する
	19	**socio**	後援会会員
	21	**contar con 〜**	〜を持っている
		administración técnica	すぐれた管理体制
p. 23	3	**contratar**	〜と契約する
	6	**entrada**	入場券
	7	**poner**	（テレビで）中継する，放映する
	8	**apuesta**	賭事，お金を賭けること
	13	**ciclismo**	自転車競技
p. 24	14	**socio-cultural**	社会的・文化的
		ocio	余暇
	17	**juego de ordenador**	コンピューターゲーム

1. 形容詞が二つの名詞にかかる場合

　形容詞が二つの名詞を後ろから形容する場合，二つの女性名詞にかかる場合は女性形になり，二つの男性名詞にかかる場合は男性形になります。男性名詞と女性名詞にかかる場合，原則として男性形になります。

　Alberto lleva una chaqueta y un pantalón **viejos**.

　Aquí vemos unas montañas y un lago **pintorescos**.

2. 動詞 **gustar** の使い方

　「好きだ」の対象になる人や物がこの動詞の文法上の主語になります。このとき，間接目的格の代名詞が主体を表します。この間接目的格の人称代名詞は省略することができません。

　Me **gusta** la música.

　Nos **gustan** la música y el cine.

　A Emilio le **gusta** jugar al tenis.

3. 動詞 **jugar** の使い方

　jugar はもともと「遊ぶ」という意味ですが，jugar a で「スポーツをする」の意味で使えます。競技名は一般に定冠詞がつきますが，最近は無冠詞で使われることもあります。

　Ellos **juegan a** fútbol.

　El próximo domingo vamos a **jugar a** tenis.

| LECCIÓN | **6** | 直説法現在
一般不規則動詞
過去分詞 |

MÚSICA Y DIVERSIONES

　スペインは日本と同じく北半球にあり，マドリードが位置する緯度はほぼ秋田県の北部に相当します。ですから日照時間は日本とあまり変わりありませんが，時間帯が異なっているので朝は遅い時間に日が昇り，夜は遅く日が沈むようになっています。真夏はサマータイムが使われるので，日が沈むのが 10 時頃になります。ですから，一日がとても長く感じられます。スペイン人の伝統的な娯楽はバル（bar）で友人と歓談したり，フラメンコ・レストラン（tablao）でショーを見たりすることでしたが，若者たちはテレビゲーム（juegos electrónicos）やディスコ（discoteca）などさまざまな楽しみ方をするようになってきました。

　A los españoles les gusta salir de casa y pasar el tiempo con los amigos, sobre todo en el verano, cuando hace calor y los días son largos. Por eso en España los bares, cafeterías, cines, discotecas, etc., son lugares muy concurridos. Los bares actuales son muy distintos a las tabernas antiguas. Ahora los bares son elegantes, con mucha luz, adornos bonitos, juegos electrónicos, máquinas para oír música, 5 etc. En los últimos años, sobre todo en las grandes ciudades hay ya muchos bares especializados en bebidas típicas de alguna región española o países extranjeros. Así hay cervecerías (como en Alemania), sidrerías (como las de Asturias), champañerías (como las de Cataluña), pubs (influencia inglesa). También hay heladerías y pizzerías (como en Italia), y muchas 10 hamburgueserías del tipo "McDonald's" americano.

　La gente joven prefiere ir a cafeterías modernas y también a discotecas o salas de baile con sus amigos. Hay ahora en España muchos cantantes famosos, mujeres y hombres. Algunos de ellos son de países hispanoamericanos. El cante y baile flamencos son muy populares especialmente en Andalucía y otras regiones del 15 sur de España. Allí la gente aprende el baile flamenco y lo practican desde pequeños. En otras regiones el baile flamenco no es tan popular, pero en las ciudades hay "tablaos" donde la gente oye y ve espectáculos de flamenco. En Japón ahora hay academias donde enseñan flamenco y guitarra española, y tienen bastantes alumnos. Los jóvenes españoles en general prefieren la música moderna, 20 como el rock, folk, salsa y otros ritmos muy conocidos actualmente.

[31] Los juegos de ordenador, al estilo del cine de ciencia-ficción (guerra de las galaxias, luchas de extraterrestres, etc.) tienen muchos simpatizantes entre los jovencitos. En España hay también muchos juegos electrónicos como los de Japón. Otra diversión muy favorita de los jóvenes es el cine. Además de ir a ver películas en los cines, mucha gente las ve en DVD alquilados y con frecuencia en 5 la televisión. Hay ahora en España dos canales nacionales de televisión, bastantes canales autonómicos, algunos privados, televisión de cable, de satélite, digital, y un canal para el extranjero. Este canal emite programas durante 24 horas y lo podemos ver por Internet. En la televisión española ponen con frecuencia telenovelas filmadas en Hispanoamérica. La gente las llama "culebrones", porque 10 son muy largas (como una serpiente) y sentimentales, y fascinan a los espectadores con sus episodios enrevesados.

32 Después de ver la película "Titanic", Carlos está con su amiga Alicia en una cafetería de la Gran Vía de Madrid. Mientras toman un cubalibre, esperan a otros amigos para ir a una discoteca.

— ¿Qué música te gusta más? — pregunta Carlos.

— Me gusta mucho la música pop y algunos ritmos de Hispanoamérica. A veces, 5 cuando estoy cansada, también escucho música clásica. Me gusta Mozart.

— ¿Te gusta la película "Amadeus", sobre la vida de Mozart?

— Sí. Tengo el vídeo de esa película y la veo a veces. Es impresionante sobre todo el final, cuando él, ya muy enfermo, compone su famoso "Réquiem".

— Y el flamenco, ¿qué te parece? 10

— Para mí el flamenco es un arte musical y folclórico muy importante del sur de España, un producto cultural muy representativo. Pero mucha gente piensa que el flamenco es la única música y danza de España; eso no es cierto. En cada región hay otras músicas y bailes tradicionales de gran calidad.

— ¿Practicas algún baile folclórico? 15

— Claro. Últimamente voy a una academia de bailes regionales. Mis profesores son de diversos lugares y nos enseñan flamenco moderno, sardanas, jotas y otros bailes típicos de varias regiones. Es muy divertido y me gusta, pero es difícil.

p. 26	8	**cervecería**	ビール専門バル
		sidrería	リンゴ酒 (sidra) 専門バル
	9	**champañería**	シャンパン専門バル
		pub	(イギリス風)パブ
	19	**academia**	各種学校，（ダンスなどの)教室
p. 27	1	**al estilo de**	〜をまねた
		ciencia-ficción	SF
	7	**autonómico**	自治州の
		privado	民放
	10	**culebrón**	連続テレビドラマ(蛇を意味する culebra からできた語)
	12	**enrevesado**	こみ入った
p. 28	2	**Gran Vía**	グランビア(マドリードのメインストリート)
	14	**de gran calidad**	すばらしい

1. 人称代名詞の重複

　　直接目的格人称代名詞と間接目的格人称代名詞(これらを弱い代名詞と呼びます)は，人を表すときで次のような場合は〈a＋代名詞・a＋名詞〉が同時に使われます。

1) 弱い代名詞がいくつかの意味があって，それをはっきりさせるとき。

Los niños **la** buscan **a ella**.

Yo **le** digo eso **a Alberto**.

2) 強調や対比を表すとき。

A mí me gusta esa conclusión, pero creo que **a José** no **le** gusta.

2. 形容詞としての過去分詞の使い方

　　過去分詞が形容詞として名詞にかかる場合，次のようになります。

1) 他動詞の過去分詞は受け身の意味になります。

Esta no es una carta **escrita** en español, sino en portugués.

Ahora no son muchos los muebles **hechos** a mano.

2) 自動詞と再帰動詞の過去分詞は受け身の意味になりません。

En otoño hay muchas hojas **caídas** en el parque.

Tiene dos hijas ya **casadas**.

3. 無人称表現として使われる動詞の3人称複数形

　　動詞が3人称複数形で用いられると，「人は一般に」という無人称表現になることがあります。また，前の動詞の主語が la gente の場合，次の動詞が無人称となって3人称複数形になることがあります。

Dicen que él ve 10 películas a la semana.

En Andalucía la gente **aprende** el baile flamenco y lo **practican** desde
　　pequeños.

EL CINE ESPAÑOL

[33]

フランコ将軍の独裁体制の終焉 (1975) までスペインには検閲 (censura) が存在しました。しかし，それにもかかわらず，そうした時代に反体制の気概を示したいくつかの映画が作られました。例えば，ルイス・ブニュエル監督の「ビリディアナ (Viridiana)」は政府から上映を禁止されましたが，カンヌ映画祭ではグランプリを受賞しました。言論の自由が完全に保証された民主主義体制になって，スペイン映画界にはアルモドバルのような数多くの新進気鋭の監督が輩出し，新しい機運を作り出しています。

El cine en España es ya antiguo: desde 1896 (poco después de su inicio en París) hay una industria cinematográfica española. Los comienzos del cine en España son sencillos: 1 o 2 directores, películas tomadas del natural y de poca duración. Después de la Guerra Civil el cine tiene más aceptación, salen bastantes directores nuevos y mejora la técnica. Con la llegada de la democracia en 1976, 5 desaparece la censura, el cine se populariza y aumenta la influencia de la cinematografía extranjera. Los temas también cambian mucho en la década de 1980. Las antiguas películas de humor, folklore y costumbrismo típico español pasan de moda. La gente prefiere nuevos filmes de temas históricos, psicológicos, sociales, policiacos, de ciencia-ficción, etc. 10

[34] En esos años en España hay buenos directores de cine. Todos recordamos a Luis Buñuel, un gran realizador con mucha personalidad y buena técnica. Sus películas famosas *Nazarín, Viridiana, Bella de día*, etc., tratan de problemas sociales y culturales con gran tensión dramática y excelente ritmo. Algunas de ellas están basadas en novelas u otras obras literarias modernas y son muy críticas. 15 También son directores famosos Berlanga, Bardem, Martín Patino, etc.

[35] Actualmente hay otros directores bastante buenos. Son muy conocidos Carlos Saura, Fernando Trueba, José Luis Garci y Pedro Almodóvar. Este último tiene fama internacional. Estos directores, ya sin trabas ni censura, realizan películas modernas donde tratan problemas humanos y familiares, o sucesos 20 importantes ocurridos en la Guerra Civil y posguerra en España. En otras películas actuales se plantean cuestiones relacionadas con nuestra sociedad tecnológica o

con la vida de la gente en el futuro: incomunicación, violencia, sexo, drogas y otros problemas o esperanzas.

36 El cine extranjero, sobre todo el americano también es muy popular en España. Las películas con más recaudación en los cines españoles son casi siempre las producidas en Estados Unidos, especialmente las famosas galardonadas con 5 premios Óscar. Hay 6 películas en español premiadas con el Óscar de película extranjera. Son: *Volver a empezar* (1983) de José Luis Garci (historia de amor en la época republicana), *La historia oficial* (1984) del argentino Luis Puenzo (niños desaparecidos durante la dictadura del país), *Belle époque* (1994) de Fernando Trueba (la sociedad española antes de la Guerra Civil), *Todo sobre mi madre* 10 (2000) de Pedro Almodóvar (la maternidad representada por varias mujeres), *Mar adentro* (2005) de Alejandro Amenábar (muerte digna) y *El secreto de sus ojos* (2010) del argentino Juan José Campanella (justicia y amor). Las películas españolas participan en festivales internacionales (Cannes, Berlín, Venecia), y compiten también en los españoles: San Sebastián, Valladolid, Sitges, etc. Por 15 otra parte, los premios Goya de cine honran cada año a películas, directores, actores, música, vestuario, etc., de la cinematografía española.

37   En San Sebastián, durante el festival de cine, Marcos, guionista de películas, lee la crítica cinematográfica en un periódico. Está con Rosa, estudiante de arte dramático, y comentan sobre el cine español actual.

— Últimamente en España hay directores bastante buenos, ¿verdad? — dice Rosa.

— Sí, tenemos ahora excelentes directores ya famosos y otros jóvenes con un 5 futuro prometedor: Isabel Coixet, Mar Coll, Javier Fesser, Daniel Monzón y otros. Deben explotar su talento y esforzarse mucho para rodar buenas películas.

— ¿Crees que los festivales sirven para promocionar el cine nuevo?

— Claro que sí. Aquí en San Sebastián, como en otros festivales españoles y extranjeros, se muestran películas de autores famosos. Pero hay también una 10 sección para directores noveles. La gente se alegra con esas películas y así los nuevos cineastas se animan y pueden progresar.

— Ahora con los DVD e Internet, el cine pierde espectadores, ¿no?

— Evidentemente sí. Aunque el cine en España no es caro, la gente joven se habitúa a ver películas en DVD, porque son baratos y de fácil uso. La tele c 15 Internet también hacen competencia, aunque la calidad no es buena.

— ¿Cómo ves el futuro del cine en España?

— Necesitamos más imaginación y apoyo para hacer películas interesantes y de gran técnica. Hay actores, actrices y técnicos capacitados. Pero como la producción de películas es costosa, el gobierno debe dar más ayuda económica 20 a la industria cinematográfica. Las expectativas son buenas.

p. 30	3	**del natural**	実物そのままに
	8	**costumbrismo**	風俗描写
	12	**realizador**	監督
		con mucha personalidad	非常に個性的な
	13	*Nazarín*	『ナサリン』（映画の題名）
		Bella de día	『昼顔』（映画の題名）
	19	**traba**	束縛

1. se の受け身

se の受け身は受動主語が事物のときにだけ使えます。人間が受動の主語になることはできません。従って，動詞は必ず 3 人称になります。また，「～によって」という行為者を明示することはできません。

Muchas películas extranjeras **se presentan** en el festival de cine.

Se utiliza mucho el teléfono móvil entre los jóvenes.

2. 接続詞 como の使い方

como は「～ので」と理由を表しますが，常に主文の前に置かれます。

Como hace buen tiempo, vamos a dar un paseo por ahí.

Como el precio no es caro en este país, podemos vivir con facilidad.

3. 接続詞 aunque の使い方

aunque は「～だけれども」と譲歩を表しますが，主文の前と後どちらにも置くことができます。

Aunque estoy muy ocupado, quiero ver esa película.

No quiero estar en casa, **aunque** llueve mucho.

p. 31	1	**incomunicación**	人と交流がないこと
	4	**recaudación**	興業収入
	7	*Volver a empezar*	『やり直し』（映画の題名）
	8	*La historia oficial*	『オフィシャル・ストーリー』（映画の題名）
	9	*Belle époque*	『ベル・エポック』（映画の題名）
	10	*Todo sobre mi madre*	『オール・アバウト・マイ・マザー』（映画の題名）
	12	*Mar adentro*	『海を飛ぶ夢』（映画の題名）
		El secreto de sus ojos	『瞳の奥の秘密』（映画の題名）
	14	**Cannes**	カンヌ（[kánnu] と発音する）
	15	**Sitges**	シッチェス（カタルーニャの一都市，[síches] と発音する）
	16	**honrar**	（賞などが）与えられる
p. 32	2	**arte dramático**	舞台芸術
	8	**promocionar**	作り出していく
	11	**director novel**	新しい監督
	16	**hacer competencia**	競争相手になる

POBLACIÓN Y VIVIENDA

[38]

いわゆる先進国（países desarrollados）では出生率の低下は共通した現象ですが，スペインではそれが短期間に起こりました。祖父母，子供夫婦，孫の三世代が同居している家庭が少なくなり，当然，かつての「家族」の考え方も変わってきています。こうした少子化で年金制度の変化や学校の閉鎖など，社会的にもいろいろな問題が生じています。

Según datos del Anuario Eurostat de la Unión Europea, publicado en 1999, España e Italia son dos países con un índice de natalidad muy bajo. Actualmente en España la tasa de natalidad es 1,12 niños por mujer; es uno de los países de Europa donde menos niños nacen. Este fenómeno existe en todos los países desarrollados (Europa, EE.UU., Japón, etc.), pero en España el descenso de la 5 natalidad ha sido muy rápido en los últimos 20 años. En España ha habido muchas familias numerosas hasta los años 1970, pero desde entonces el número de niños nacidos ha disminuido muchísimo. Ahora existe una gran preocupación porque hay pocos nacimientos y la población envejece mucho. Por eso España va a ser un país con muchos ancianos; la población actual (46 millones) va a 10 disminuir bastante en los próximos 50 años. Eso puede producir efectos peligrosos en las actividades del país; por ejemplo, imposibilidad de pagar pensiones de jubilación y otros servicios sociales, cierre de instituciones educativas, bajada del consumo y estancamiento de la economía.

[39] Según los sociólogos, las causas del descenso de la natalidad son: aumento del 15 nivel educativo y trabajo profesional de la mujer, dificultades de empleo, y, sobre todo, el gasto de la crianza y educación de los hijos. Sólo en el primer año de vida del niño, las familias españolas gastan 6.000 euros en el bebé. Estos gastos aumentan hasta el tercer año de vida del niño y se mantienen hasta los 12 años de edad, porque la educación obligatoria es gratuita. Pero los gastos de la educación 20 superior son elevados, y como el desempleo es numeroso, las familias han reducido el número de hijos. A la vez, los ancianos han aumentado. Según datos de la ONU, en el año 2050 la media de edad en España va a ser 54,3 años. La ONU dice que hay 2 modos de solucionar el problema de la disminución de la población:

34

admitir muchos inmigrantes extranjeros, o animar a las familias a tener más hijos.

[40] España es un país extenso y está poco poblada. Por eso las casas son amplias, especialmente en los pueblos y ciudades pequeñas. Los españoles gastan mucho en la vivienda; les gusta tener una casa agradable y cómoda. Según el Anuario ₅ Eurostat, un 17% de las familias españolas tienen 2 casas. Esto es porque mucha gente del campo ha emigrado a las ciudades grandes. Esas familias han conservado su casa en el pueblo natal y han adquirido un piso en la ciudad donde trabajan. Cuando se jubilan, los padres vuelven a sus pueblos de vacaciones o a pasar largas temporadas. Los hijos continúan en el piso de la ciudad donde han ₁₀ nacido y vivido. Los jubilados han arreglado muchas casas viejas en sus pueblos de origen; por eso ahora los pueblos de España están muy bonitos.

[41]   Juan García, delegado sindical de una fábrica de Valladolid, ha asistido a una conferencia para obreros. Ha recogido datos sobre protección a familias numerosas. Charla con su amiga Luisa en la sala de reuniones.

—El conferenciante ha dicho que nos hacemos viejos, ¿qué piensas tú?

—Creo — dice Juan — que con el índice de natalidad actual, la población española ₅ va a envejecer mucho en el siglo XXI. Eso va a poner en peligro las pensiones de los obreros, la seguridad social y otros servicios y planes.

—¿Crees que el descenso de la natalidad es sólo por razones económicas?

—No, porque hay también otras causas sociales. Las mujeres se han liberado y ahora muchas van a la universidad y trabajan en compañías. Además la sociedad ₁₀ española ha bajado el aprecio y la ayuda a las familias numerosas.

—¿Qué soluciones puede haber para lograr un equilibrio de edades?

—La inmigración masiva solamente no es una buena solución, porque va a producir xenofobia y otros problemas sociales. Los gobiernos central y autonómicos deben ayudar más a las familias, favorecer la educación de los ₁₅ niños pobres, y bajar el precio de las viviendas. Así la natalidad puede subir de nuevo.

—Las viviendas "protegidas" parece que han aumentado recientemente, ¿verdad?

—Sí, sobre todo en los barrios periféricos de las ciudades. En los pueblos sobran casas pero en las ciudades faltan muchas. Últimamente la vivienda ha subido ₂₀ casi un 12%. Un piso de 100 m² cuesta 180.000 euros. Así, aunque construyen muchos pisos no solucionan el problema.

p. 34	1	**Anuario Eurostat**	エウロスタット年鑑
	2	**índice de natalidad**	出生率
	3	**tasa de natalidad**	出生率
		1,12	uno con doce と読む
	5	**EE.UU.**	アメリカ合衆国, Estados Unidos と読む
	7	**los años 1970**	1970 年代
	11	**efecto**	結果
	12	**pensión**	年金
	23	**ONU**	国連（Organización de Naciones Unidas)
		media de edad	平均年齢
p. 35	1	**animar**	支援する

1. 結果が現在に及ぶ事柄を表す現在完了

たとえ過去の事柄であっても，それが現在に何らかの影響や結果をもたらしていると話者が感じた場合には現在完了形でその事柄を表すことがあります。動詞 nacer が現在完了形で使われることがあるのはこのためです。

En los años 1940 a 1950 **han nacido** muchos niños.

¿**Has nacido** en esta ciudad?

2. パーセントの数字につける不定冠詞

「〜の何パーセント」と言う場合，通常不定冠詞の単数形をつけます。ただし，ちょうど数字がきりのいい場合は，定冠詞をつけることもあります。副詞として用いられる場合は無冠詞になることがあります。

Un 28% (veintiocho por ciento) de los graduados de esta universidad obtienen empleo de profesor.

El 60% de los productos se exporta a países extranjeros.

Los precios han subido (**un**) 3% este año.

3. 動詞 poder の使い方

poder は「〜することができる」という意味でよく使われますが，他に「〜かもしれない」という意味もあります。

¿**Puede** haber otra solución? — Sí, hay otra solución.

El avión **puede** llegar tarde porque llueve tanto.

p. 36	1	**delegado sindical**	組合の幹部
	11	**aprecio**	評価，尊敬
	12	**equilibrio de edades**	年齢の釣り合い
	14	**xenofobia**	外国人排斥
	15	**favorecer**	援助する
	18	**viviendas "protegidas"**	家賃補助住宅(家賃を減免する措置がなされた住宅)
	21	**100 m²**	cien metros cuadrados と読む

LITERATURA EN ESPAÑA

[42]

スペイン文学は，最古の文学作品が残っている 10 世紀から現代に至るまで長い歴史を有していま
す。特に 16 世紀から 17 世紀にかけてはいろいろなジャンルで数多くの巨匠が出現したため，この時
期は黄金世紀（el Siglo de Oro）と呼ばれています。20 世紀に起こったスペイン内戦（1936–1939）
の後，社会リアリズム（realismo social）や実験的小説（novela experimental）などの流れを経て，
現在は小説をはじめとするさまざまなジャンルで多くの作品が生み出されています。

Siempre ha habido en España buenos literatos: poetas, novelistas, dramaturgos,
etc. Desde la Edad Media, pasando por el Siglo de Oro (Cervantes, Lope de
Vega, Calderón de la Barca), hasta el Romanticismo y el siglo XX, muchos
escritores españoles han estado en vanguardia del mundo literario. Después de
la Guerra Civil en la literatura española se distinguen varias etapas. Durante los 5
años 1950 a 1960 predominó una tendencia llamada "realismo social". Presenta
problemas concretos de la sociedad de posguerra, critica injusticias sociales y
trata de reformar la sociedad. Se publicaron entonces muy buenas novelas y
obras de teatro, y salieron escritores excelentes: Cela, Delibes, Juan Goytisolo,
Ana María Matute, etc. Al llegar los años 1970, la gente se cansó del realismo 10
social, la sociedad española progresó económica y políticamente, y aumentó la
influencia de los grandes novelistas hispanoamericanos: Borges, García Márquez,
Vargas Llosa, Cortázar, etc. En España se comenzó a escribir sobre todo novela
"experimental". Esa narrativa continuó con la crítica social, pero su contenido y
enfoque son subjetivos. Además se usaron nuevas técnicas literarias y muchos 15
"experimentos": saltos temporales, diversos narradores, monólogo interior, etc.
Entre los años 1965 y 1980 aparecieron muchas novelas experimentales; Benet,
Vázquez Montalbán, Mendoza, Guelbenzu, son autores muy conocidos.

[43] A partir de 1985, la literatura empezó a moderar los experimentos y se volvió
a formas de novela tradicional y fácil de entender, con temas históricos, intimistas, 20
policiacos, de aventuras, etc. Hoy día bastante gente no lee libros difíciles ni de
contenido social complejo; prefieren una literatura ligera de pasatiempo, para
divertirse y evadirse de sus problemas. Son novelistas famosos ahora en España:

Muñoz Molina, Pérez-Reverte, Llamazares, Merino, Soledad Puértolas, Adelaida García Morales, etc. La novela hispanoamericana también se lee mucho.

Ahora hay muchos premios literarios, sobre todo de novela. Desde hace 20 años estos premios han servido para promocionar a escritores nuevos; además son una buena ayuda económica. Hay premios oficiales, como el Cervantes, el 5 Nacional de Literatura, Príncipe de Asturias, el de la Crítica; otros premios importantes son el Nadal, Herralde y Planeta (601.000 euros). Recientemente bastantes escritores jóvenes han conseguido algunos de esos premios, se han hecho famosos y han vendido muchos libros. El mercado literario en lengua española es muy amplio: 400 millones de personas. Las grandes editoriales tienen 10 sucursales en España e Hispanoamérica. Además las Ferias del Libro atraen a mucha gente y conectan a los escritores con sus lectores actuales.

Roberto, crítico literario, está en una caseta de la Feria del Libro, en el Parque del Retiro de Madrid. Es mayo, durante las fiestas de San Isidro. Habla con Laura, joven escritora, sobre los novelistas jóvenes actuales.

—La Feria del Libro es muy antigua, ¿verdad? — pregunta Laura.

—Sí. Hace ya 66 años que se celebra en Madrid. Es un gran acontecimiento comercial y cultural. Este año casi 200 editoriales han presentado sus libros, han venido 2 millones de personas, y se han recaudado 6 millones de euros en ventas.

—Ahora hay una nueva ola de "joven narrativa", ¿qué opina Ud.?

—Creo que los novelistas jóvenes como Ud. tienen ahora muchas oportunidades. Escritores como Juan Manuel de Prada, Lucía Etxebarria y Espido Freire han conseguido premios literarios importantes; los editores piensan que la juventud del autor es un valor muy rentable cuando se publican sus libros.

—Por eso los escritores jóvenes ven la literatura como una profesión, ¿no?

—Claro. Hoy día una característica de los nuevos literatos es considerar la escritura como una carrera profesional, aunque a veces es poco lucrativa. Por eso bastantes de ellos colaboran también en periódicos y revistas. Cuando consiguen algún premio literario se hacen ricos. Pero ésos son pocos.

—¿Cree Ud. que los escritores jóvenes no tenemos sensibilidad socio-política?

—Siempre hay excepciones, pero en general los autores jóvenes muestran poca preocupación por la política y problemas sociales. Dicen que están desengañados de la política debido a la corrupción. Yo creo que no han tenido que luchar en la vida, y por ello en su literatura falta interés hacia la actividad política como un medio de mejorar la sociedad.

p. 38	4	**estar en vanguardia de**	〜の先頭に立つ
	14	**continuar con**	〜を続ける
	16	**salto temporal**	時間の飛躍
		diversos narradores	複数の語り手
		monólogo interior	内的独白
	20	**intimista**	内面描写を重んじた
	23	**evadirse de**	〜から逃れる
p. 39	11	**Feria del Libro**	書籍市

1. 変化動詞 hacerse の使い方

「～になる」という変化を表す動詞は，hacerse, ponerse, volverse が最も多く使われ，形容詞を補語にします。このうち，hacerse の補語には名詞も使われます。形容詞の意味によって，どの変化動詞が使われるかが決まります。一般に，hacerse は時間がかかる変化を表します。ponerse は長続きしない変化を示します。volverse はその変化が元に戻らない場合に使います。

José hace muchos esfuerzos para **hacerse** director de la oficina.

Trabaja mucho, porque quiere **hacerse** rico.

Ellos **se han hecho** famosos de pronto.

Me pongo alegre al oír la voz de María.

Vas a **volverte** calvo con tantas preocupaciones.

2. 時間の経過を表す hace ～ que

que の後に現在形を使うと，その動作は現在も行われています。点過去形を使うと，その動作が以前に行われたことを示します。また，独立して「～前に」と言うときには，「hace ～」が動詞の後ろに置かれます。

Hace un año **que** estudian español.

Hace diez años **que** leí este libro.

Compré este coche **hace** 4 años.

Estudio español desde **hace** 2 años.

p. 40	1	**Parque del Retiro**	レティーロ公園
	9	**"joven narrativa"**	「若い小説」（若い作家たちの小説）
	11	**Etxebarria**	エチェバリア [echebářja] と発音する
	12	**importante**	大きな，主要な
	13	**valor muy rentable**	とても金になる価値
	16	**escritura**	（小説などを）書くこと
	17	**poco lucrativo**	あまり儲けを生み出さない
	24	**falta interés**	興味が欠如している

CAMBIO POLÍTICO EN ESPAÑA

20世紀のスペインの政治状況は王政，独裁，共和国，内戦，独裁と目まぐるしく変化して，きわめて不安定なものでした。しかし，1975年に独裁者フランコ総統が亡くなった後，スペインは1978年に成立した憲法で新しい政治体制を確立しました。国会（las Cortes Generales）は二院制で，下院（el Congreso de los Diputados）と上院（el Senado）からなります。また，三権分立や自由の保障など民主的な要件を備えています。フランコ総統による独裁政治から驚くほど短期間に，スペインはヨーロッパ的な民主的政治体制に脱皮したと言うことができます。

La situación política de España en el siglo XX ha sido muy inestable. Hubo un régimen monárquico (hasta 1923), una dictadura (1923–30), un gobierno republicano (1931–36), una guerra civil (1936–39), otra larga dictadura (1939–75), y finalmente llegó la democracia. Después de la muerte de Franco, en 1975, Juan Carlos I fue proclamado rey de España. En 1976 Adolfo Suárez fue ₅ nombrado presidente del gobierno, y las Cortes Generales elaboraron la nueva Constitución; ésta fue aprobada en referéndum en 1978. En dicha Constitución se garantizan los derechos fundamentales de libertad, educación, protección y justicia legal. También se reconocen los partidos políticos, las Comunidades Autónomas (CC.AA.), el Congreso y el Senado, etc., en una monarquía ₁₀ parlamentaria. Con esa Constitución finalmente se consiguió la reconciliación de todos los españoles, la paz y la armonía social.

En las elecciones de 1977 y 1979 triunfó UCD (Unión de Centro Democrático), partido dirigido por Adolfo Suárez. Después, en las elecciones de 1982 ganó el PSOE (Partido Socialista Obrero Español) y su líder Felipe González fue elegido ₁₅ presidente del gobierno. Se mantuvo en ese cargo 14 años. Durante ese tiempo, España fue integrándose en Europa. En 1986 ingresó en la Unión Europea y aprobó su permanencia en la OTAN. Además se renovó la economía, el sistema educativo, la seguridad social y las instituciones culturales. En las elecciones de 1996 ganó el PP (Partido Popular) y José María Aznar fue elegido presidente del ₂₀ gobierno. En 2004 ganó el PSOE y José Luis Rodríguez Zapatero fue nombrado presidente.

48   El cambio al régimen democrático se realizó en un período de tiempo muy breve. El régimen franquista fue reemplazado y la gente aceptó la democracia con facilidad y esperanzas. Además los recelos hacia el PSOE no duraron mucho, los deseos de concordia y participación fueron creciendo, y la gente se acostumbró a las nuevas libertades muy pronto. Todavía hay en España un problema muy grave: el terrorismo político de ETA, organización surgida en el País Vasco con una ideología independentista y métodos violentos. Además, como el sistema democrático también tiene sus defectos, ha aparecido la corrupción en los partidos políticos. Por ello, bastantes jóvenes están decepcionados de la política y está aumentando la abstención en las elecciones. 10

49   Pero en conjunto, el régimen democrático en España ha sido muy beneficioso para el país, ha curado muchas heridas del pasado y ha hecho progresar la economía, la cultura, las artes, literatura, deportes, etc. Además, gracias a las CC.AA., la descentralización ha facilitado los proyectos de ayuda social, educativa y asistencial a los ciudadanos. 15

43

50 Rafael, profesor de historia de la política en la universidad de Valencia, ha
terminado su clase de seminario. Su alumna Lucía desea aclarar algunas cuestiones
sobre el sistema político español y la ley electoral.

— ¿Cree Ud. que los partidos políticos responden a la situación real del país?

— Pienso — dice Rafael — que los partidos antiguos (PSOE, PNV) se formaron ₅
como respuesta a unas necesidades o deseos de aquella sociedad. Los partidos
nuevos (PP, CiU) también se han fundado porque hay mucha gente de esa
ideología. Pero todos deben renovarse para adaptarse a los cambios sociales.

— En las Cortes el papel del Senado parece débil e indefinido, ¿verdad?

— Es importante debatir y decidir las cuestiones graves del país en dos cámaras ₁₀
independientes. Pero realmente el papel del Senado a veces parece
decorativo. Como cámara representativa de las CC.AA., sus funciones deben
ser realzadas.

— Profesor, ¿cómo van a evolucionar en el futuro las CC.AA.?

— Las comunidades históricas (Cataluña, País Vasco, Galicia) han tomado muchos ₁₅
poderes, tal como se establece en la Constitución. Esa tendencia va a
incrementarse. Las otras CC.AA. deben ser también muy activas y tomar
más responsabilidades. Pero se debe conservar la solidaridad entre todas.

— ¿Qué función importante puede desempeñar España en la Unión Europea?

— Puede afirmar su puesto en una Europa unida y pluralista como representante ₂₀
de la cultura latina, junto con Francia, Italia y Portugal. Además España debe
ser un puente de unión y colaboración entre la Unión Europea e
Hispanoamérica. Esta es nuestra misión histórica en el siglo XXI.

p. 42	8	**protección**	適正手続の保障（法的手続きによらないで身柄を拘束されないこと）
	9	**justicia legal**	公正な裁判を受ける権利
	13	**UCD**	中道民主党（1977 年結成，中道的）
	15	**PSOE**	スペイン社会労働党（1878 年結成，革新的）
	18	**OTAN**	北大西洋条約機構（Organización del Tratado del Atlántico Norte）
	20	**PP**	国民党（1977 年結成，保守的）

1. ser 受動態ついて

　　ser 受動態を使うとき過去分詞は主語の性数に一致します。ただし，この受動態はもっ
ぱら文語として使われ，会話ではほとんど使いません。口語の受け身としては，事物の場
合は se の受け身が使われますし，人の場合は無人称表現が実質的に受け身の役割を担っ
ています。受け身にしにくい場合は，能動態が使われます。

　　El **fue nombrado** presidente del gobierno.

　　Lo nombraron presidente del gobierno.

　　La puerta **fue abierta** por el portero.

　　El portero abrió la puerta.

2. 進行形を表す〈ir + 現在分詞〉

　　進行形は通常〈estar + 現在分詞〉で表します。しかし，「～していく」という時間の経
過を意識すると estar の代わりに，ir も使えます。

　　Va aumentando el peligro por causa de la fuerte lluvia.

p. 43	2	**ser reemplazado**	(新体制に)変わる
	6	**ETA**	「バスク，祖国と自由」と名乗るテロ集団
	11	**beneficioso para**	～に利益をもたらす
	14	**descentralización**	地方分権
	15	**asistencial**	福祉の
p. 44	5	**PNV**	バスク国粋主義党(1895 年結成)
			Partido Nacionalista Vasco
	7	**CiU**	カタルーニャ統一党(1979 年結成，地域的)
			Convergencia y Unión
	13	**ser realzado**	際立つものである
	20	**afirmar su puesto**	その立場を確固たるものにする
		pluralista	多民族の

MATRIMONIO Y FAMILIA

　スペインはかつては大家族（familia numerosa）が主流でした。夫婦に子供が多く，同じ家庭に祖父母が同居していました。しかし，少子化が進むなか，こうした家庭も減ってきました。また，かつては離婚（divorcio）も許されていませんでしたが，今はそれも自由になりました。しかも，他のヨーロッパ諸国同様，同性同士の結婚（matrimonio）も法的に認められるようになりました。スペインの場合，こうした変化は短い期間に起こったため，世代間の考え方の違いも大きなものになっています。

　En España la familia ha sido considerada siempre como una institución básica para la sociedad. Tradicionalmente en las familias españolas los abuelos tenían mucha importancia como signo de unión entre todos los miembros. Por eso solían vivir en la casa familiar hasta su muerte. Como las familias eran muy numerosas, los abuelos a veces se ocupaban del cuidado de los niños cuando los 5 padres no estaban en casa. Así la relación abuelos — padres — nietos era muy fuerte, y los lazos entre las generaciones se conservaban mucho tiempo. Desde los años 1980, con la modernización de la sociedad española, la situación de la familia ha cambiado bastante. Los niños han disminuido mucho, los ancianos viven más y están aumentando. Ahora bastantes abuelos no pueden ser atendidos 10 por sus familias; por eso muchos de ellos viven en Residencias de Ancianos.

② 　En la Constitución de 1978 se garantiza el derecho de todos a contraer matrimonio con "igualdad jurídica". También se reconoce el matrimonio civil y el divorcio legal. Hasta la época democrática sólo habían sido legales en España los matrimonios celebrados en la iglesia. No se reconocía el matrimonio civil ni 15 ninguna forma de separación legal. Cuando se hicieron las nuevas leyes, al principio aumentaron los divorcios y matrimonios civiles. Ahora se ha estabilizado la situación y mucha gente todavía hace la boda en las iglesias. Esto para muchos es sólo una costumbre social. También hay en España una ley para regular las condiciones requeridas para hacer abortos legales. Es una ley parecida a las de 20 otros países de Europa.

③ 　Con los cambios sociales recientes, la relación entre padres e hijos respecto al matrimonio también está cambiando bastante. Antes los padres decidían casi

todo sobre el matrimonio de los hijos, aunque nunca ha habido en España una figura oficial como el "nakodo" (intermediario en el casamiento) en Japón. Ahora los jóvenes eligen a sus novios con toda libertad, aunque consultan a los padres. La edad del matrimonio en España se va retrasando: a los 27 años las mujeres y 29 años los hombres. El primer bebé suelen tenerlo las mujeres españolas a los 30 años aproximadamente. Además muchos chicos y chicas viven con sus familias hasta que se casan, a veces después de cumplir 30 años.

4   Las relaciones prematrimoniales también han aumentado. Hay muchas parejas viviendo juntos sin haberse casado; hoy día la sociedad acepta más fácilmente esa situación. Por eso desde 1998 hay ya en España una ley de reconocimiento legal de las "parejas de hecho". Otra ley de 2005 reconoce el matrimonio de los homosexuales, pero no les permite adoptar niños. En España el número de niños nacidos fuera del matrimonio es relativamente bajo: un 11%.

Ricardo, sociólogo y consultor del Centro de Asuntos Sociales de la Junta de Andalucía, está en su oficina de Sevilla. Dialoga con su secretaria Clara sobre la situación familiar en el sur de España.

— ¿Crees que la familia ha perdido influencia social? — pregunta Clara.

— En mi opinión, la familia en Andalucía ha dejado de ser el apoyo vital para los 5 hijos, porque bastantes jóvenes ahora anteponen otras amistades a las relaciones familiares. Además, con la liberalización de la sociedad, la fuerte cohesión familiar y la autoridad de los padres se han debilitado.

— Sin embargo muchos jóvenes en España se emancipan muy tarde, ¿no?

— Es cierto. A diferencia de otros países, en España los hijos casi nunca abandonan 10 el hogar familiar antes de encontrar un trabajo seguro. Siempre había habido en España una tendencia a la emancipación tardía de los hijos. Ahora, con los problemas del empleo eso se ha agudizado: la gente se casa más tarde.

— El aumento de los divorcios indica una crisis del matrimonio, ¿verdad?

— Creo que sí. Se dice que la familia todavía es muy importante para los 15 españoles. Pero, como en toda Europa, en España las bodas disminuyen y los divorcios aumentan: hay unos 91.000 al año. Además de los fallos de mutua convivencia, eso muestra que el matrimonio es cada vez menos valorado.

— ¿Por qué dicen que la ley de parejas de hecho arregla situaciones injustas?

— Porque es una ley para dar derechos sociales a parejas no casadas y sus hijos. La 20 Constitución garantiza iguales derechos a todos los cónyuges, y los hijos no tienen culpa del estado civil de sus padres. Siempre había esas parejas, pero han sido discriminadas. Hay que reconocer legalmente sus derechos.

p. 46	1	**institución básica**	基本的な制度
	11	**Residencia de Ancianos**	老人ホーム
	13	**igualdad jurídica**	法の下の平等
		matrimonio civil	民法上の結婚（教会に行かず，市役所の手続きだけで行う）
	14	**divorcio legal**	法的手続きをした離婚
	19	**regular**	（条件を）定める
p. 47	2	**figura oficial**	（儀式などに）必要な人物
	8	**relaciones prematrimoniales**	内縁関係
	11	**parejas de hecho**	事実婚の夫婦

1. 無冠詞の名詞

可算名詞(普通名詞)がそれぞれ複数でペアになっている場合，無冠詞になるのがふつうです。

Mujeres y **hombres** hablaban mucho de este tema.

Vinieron **padres** e **hijos** a esta reunión.

2. 現在分詞の形容詞的働き

スペイン語では，英語と異なって現在分詞は原則として名詞を形容詞のように修飾できません。このため，現在分詞を副詞性分詞と呼んでいます。ただし，いくつかの例外があります。hayの動詞とともに使われたときは，現在分詞が形容詞のように名詞を修飾できます。

Hay muchos estudiantes **leyendo** libros en la biblioteca.

= Hay muchos estudiantes que leen libros en la biblioteca.

Hay mucha gente **trabajando** aquí después de su graduación.

= Hay mucha gente que trabaja aquí después de su graduación.

p. 48	1	**Centro de Asuntos Sociales**	社会救援センター
		Junta de Andalucía	アンダルシア評議会(自治州政府)
	5	**dejar de ~**	～をやめる，～でなくなる
		apoyo vital	不可欠の支え
	6	**anteponer X a Y**	Y よりも X を優先する
	9	**emanciparse**	(親から)独立する
	13	**agudizarse**	ひどくなる
	16	**boda**	結婚
	21	**cónyuges**	夫婦
	22	**estado civil**	戸籍(未婚，既婚などの法的立場)
	23	**discriminar**	差別する

12 | 比較級・最上級
絶対最上級

LA EDUCACIÓN EN ESPAÑA

スペインの教育制度（sistema educativo）は，さまざまな変化・変革を経て，現在に至っています。日本の小学校・中学校に相当する義務教育は16才までの10年間です。その後大学進学を希望する者には2年間の後期中等教育，つまり高等学校（Bachillerato）が続きます。これに対し，就職を希望する者は職業教育（formación profesional）を受けることができます。大学の修了期間は5年間ですが，進学率の上昇に伴ってマスプロ教育や卒業生の就職難など，いろいろな問題が生じています。

El sistema educativo actual en España está basado en la LOGSE (Ley de Ordenación General del Sistema Educativo) de 1990. Según esa ley, hay ahora estos niveles de enseñanza: educación infantil no obligatoria (hasta los 6 años); educación obligatoria, primaria y secundaria (hasta los 16); bachillerato con 2 cursos; formación profesional, media y superior; educación universitaria. En 5 este sistema el período de educación obligatoria se ha alargado 2 años; abarca ahora 10 cursos (6 de escuela primaria y 4 de escuela secundaria) y es gratuita.

7 Actualmente todos los niños hacen los cursos de educación obligatoria. En las escuelas públicas estudian juntos niños y niñas. Esos centros son más numerosos y tienen mejores instalaciones que los antiguos. Como el número de alumnos ha 10 bajado, hay muchos centros escolares donde los niños de varios pueblos estudian juntos. Los llevan por la mañana al colegio y los devuelven por la tarde a sus casas en autobuses. También hay colegios privados de enseñanza primaria y secundaria; reciben ayuda económica del gobierno.

8 Los 2 cursos de bachillerato son una preparación para la universidad y hay 3 15 modalidades: Humanidades y Ciencias Sociales, Artes, Ciencias y Tecnología. Al final del bachillerato, los estudiantes hacen las pruebas de selectividad para elegir la especialidad de sus estudios universitarios. Además tienen que hacer un examen de entrada en la universidad donde desean estudiar. La formación profesional de grado medio y superior es una alternativa a la universidad y prepara a los 20 alumnos para un trabajo concreto.

9 La mayoría de las universidades españolas son públicas: 73 en total, 52 públicas. Las privadas están en ciudades grandes, tienen pocos estudiantes y son bastante

caras. Hay ahora 1.415.000 universitarios, de ellos un 94% en universidades públicas. Los chicos son menos numerosos que las chicas: un 58% son mujeres. Las carreras donde hay más estudiantes son: Ciencias Sociales, Derecho, Ingeniería, Medicina, Humanidades, Ciencias Experimentales. Las carreras técnicas tienen cada vez más estudiantes. Además las universidades usan mucho 5 los nuevos medios de telecomunicación como Internet, ordenadores, etc. Actualmente las CC.AA. administran las universidades de su territorio. El Consejo de Universidades decide los planes de estudio, modos de evaluación, etc., en los 3 ciclos: Graduado, Máster y Doctorado. Desde 2009 la estructura de los estudios universitarios, créditos y títulos son comunes en toda la UE. Un 10 reto grandísimo de la educación universitaria ha sido siempre lograr una alta calidad de enseñanza. Dos problemas actuales de las universidades públicas son su masificación y su excesivo número de alumnos y su relación con el empleo.

[10]   Jordi, estudiante de ingeniería en la universidad de Barcelona, tiene una cita con Carmen, alumna de filología. Están haciendo un estudio de la conexión de la universidad con el mercado laboral.

— ¿Cuántos graduados y qué porcentaje de empleo hay ahora? — pregunta Jordi.

— Según el Ministerio de Educación, cada año se gradúan unos 93.000 ₅ universitarios: 60% con el título de Máster; 28% pasan al Doctorado. Un 53% de los graduados consiguen trabajo, pero bastantes empleos son temporales.

— ¿Hay algún remedio a la falta de puestos de trabajo para los universitarios?

— Como ahora muchos obreros se jubilan pronto, los trabajos para universitarios son más numerosos que antes. Además, gracias a la integración en la Unión ₁₀ Europea, hay mayores oportunidades. Pero la competencia es muy dura y tenemos que prepararnos bien. Un simple diploma no es suficiente.

— Carmen, ¿crees que hay demasiados estudiantes en las universidades?

— En España un 47% de los jóvenes van a la universidad. Ese número va a bajar debido a la disminución de la natalidad. Pero en los próximos 10 años aún va ₁₅ a haber universidades con muchísimos alumnos: las de Madrid, Barcelona, Valencia, Sevilla, etc. Eso no es bueno para la educación universitaria.

— ¿Tienes alguna propuesta para mejorar el nivel de enseñanza y conectar más la universidad con la sociedad y el empleo?

— Creo que la selectividad y entrada en la universidad deben ser más ₂₀ estrictas. Además los profesores deben reciclarse constantemente. Por otra parte, la sociedad debe exigir a la universidad una formación actualizada y crear puestos de trabajo más adaptados a las nuevas tecnologías.

p. 50	1	**LOGSE**	教育制度総合整備法，[logse] と発音する
	5	**curso**	学年
	7	**escuela secundaria**	中学校（公立では一般に小学校と同じ校舎の場合が多い）
	8	**hacer los cursos de ～**	～の授業を受ける，課程を受ける
	13	**colegio privado**	私立学校
	16	**modalidad**	コース
	17	**hacer la prueba de selectividad**	大学入学資格試験を受ける
	20	**alternativa a ～**	～とは別のコース，別の選択

1. más grande と mayor の違い

どちらも「より大きい」という比較級を表しますが，más grande は手に触ることができる物の大きさに使い，mayor は抽象的な概念や人の年齢に用います。反対の意味を持つ más pequeño と menor も同じ使い方をします。

Necesitamos una mesa **más grande** que ésta.

Ahora hay **mayores** oportunidades que antes.

Jorge es **mayor** que yo.

2. 義務を表す deber と tener que の違い

deber は話者が自分で感じる義務を表し，tener que は外から強制される義務を表します。しかし，この違いが特に意識されなければ，同じように使われます。否定文として使われる場合，no deber は「～してはならない」という禁止を表します。no tener que は一般に「～しなくてもよい」という意味になりますが，文脈から理解できるなら禁止も表すことができます。

Tenemos que estudiar más. (= **Debemos** estudiar más.)

No **tienes que** terminar todo este trabajo hoy.

No **debemos** tirar basura al río. (= No **tenemos que** tirar basura al río.)

p. 51	3	**carrera**	専門課程
	7	**administrar**	運営する
	8	**Consejo de Universidades**	学長会議
		modo de evaluación	成績判定のやり方
p. 52	1	**Jordi**	ジョルディ（カタルーニャの人の名前），[jordi] と発音する
	21	**reciclarse**	再研修を受ける
	22	**formación actualizada**	現状に合った教育

VACACIONES Y VIAJES

11

スペイン人にとって長期の休暇（vacaciones）を取ることは，生活をする上で大きな楽しみになっています。8月にはほとんどの官公庁は休みになりますし，一般に勤めている人も7月から8月にかけて交代で何週間かの休みを取ります。この時期にはスペインを訪れる外国人も多く，グラナダのアルハンブラ宮殿（la Alhambra）などの有名な観光地は内外の観光客であふれます。夏はまさに観光王国スペインの面目躍如といったところです。

Los españoles disfrutan de las vacaciones descansando o viajando con la familia. En los colegios de enseñanza primaria y secundaria los alumnos tienen vacaciones de verano (2 meses), Navidad (2 semanas) y Semana Santa (10 días). En bachillerato y universidad las vacaciones de verano son más largas, 3 meses. Los empleados de compañías y funcionarios del gobierno suelen tener un mes de 5 vacaciones al año, más los domingos y fiestas nacionales. Pronto se implantará en España la semana laboral de 35 horas de trabajo. Así la gente tendrá más tiempo de vacaciones los fines de semana. Además ahora en España muchos obreros se jubilan a los 55 años, debido a la crisis de empleo. Con ello aumentará el ocio de bastante gente en los próximos años. 10

12 ¿Qué hacen los españoles en las vacaciones? Depende de la época del año y del clima. En las vacaciones de verano, como hace calor y buen sol, la mayoría de la gente va a la playa. Muchos prefieren las playas del Mediterráneo porque allí hace buen tiempo, no llueve y el clima es caluroso. Las playas del norte (Galicia, Asturias, Cantabria) son muy bonitas y el mar está más limpio; pero hace menos 15 sol, llueve bastante y el agua está fría. También algunos van de vacaciones a la montaña, cerca de ríos o pantanos. En las vacaciones de Navidad, como hace frío y nieva, mucha gente va a esquiar, o se reúnen con la familia. En Semana Santa bastantes viajan para ver las procesiones famosas de varias ciudades: Sevilla, Valladolid, Murcia, Cuenca, etc. En pocos lugares de Europa habrá aumentado 20 tanto el turismo interior como en España. Sobre todo en los últimos 10 años muchos españoles se han habituado a viajar y hacer turismo cultural dentro del país. El medio más común de transporte es el coche, el tren o el avión. También

54

bastantes españoles recientemente hacen viajes de turismo al extranjero; especialmente van a Europa, Próximo Oriente e Hispanoamérica.

13 En los últimos 25 años los turistas extranjeros en España han aumentado de modo espectacular. Muchísima gente del norte y centro de Europa, de Estados Unidos, Japón, Argentina, México, etc., van a España de vacaciones. Muchos ⁵ de los turistas europeos (franceses, alemanes, ingleses, nórdicos) vienen a España en busca del sol y las hermosas playas. Los visitantes de otros países hacen un turismo más cultural. Ahora unos 54 millones de turistas extranjeros visitan España cada año. Por eso el turismo ha sido y será uno de los mayores ingresos de divisas de España en estos años. ₁₀

14   En la Alhambra de Granada un grupo de turistas americanos están viendo el maravilloso Patio de los Leones. Una chica californiana, Janet, habla con Pedro, guía de turismo, sobre su visita a esta ciudad.

— ¿Cuándo se construyeron estos extraordinarios palacios? — pregunta Janet.

— Los reyes árabes nazaríes edificaron la Alcazaba y los palacios de la Alhambra, 5 o sea, "castillo rojo" en los siglos XIII y XIV. Eran la residencia real y el centro político-religioso de la ciudad. Los jardines del Generalife se construyeron en el siglo XIV. El palacio de Carlos V es del siglo XVI.

— Vamos a estar en Granada 2 días más; ¿qué nos recomienda Ud. ver?

— Supongo que desearán Uds. ver la Catedral y la Capilla Real, la Chancillería, 10 la Cartuja, la Universidad, etc. En Granada hay también muchos monumentos construidos después de la conquista de la ciudad por los Reyes Católicos en 1492. Habrán ido Uds. ya a Sacromonte, ¿no?

— Sí, fuimos ayer — dice Janet —. Nos gustó mucho su ambiente popular y las cuevas, donde vimos una sesión de flamenco. Mañana iremos a recorrer el 15 Albaicín de día porque cuando pasamos por allí era de noche y hacía frío. Dicen que es un barrio de estilo árabe andaluz muy bonito y bien conservado, ¿cierto?

— Sí, así es. Además la vista de la Alhambra y de la ciudad desde el mirador del Albaicín es impresionante. Pero supongo que habrán paseado Uds. también por la zona antigua, la Alcaicería o mercado. Parece una ciudad árabe, ¿verdad? 20

— Sí, es preciosa. En Granada convivieron varios siglos la cultura y religión cristianas y musulmanas. Por eso, la influencia mutua se conserva aún no sólo en la arquitectura, sino también en la gente, ¿verdad?

— Claro — dice Pedro —. Verán Uds. cómo la mentalidad, el habla y el folklore de Granada son especiales. Espero que todo les gustará mucho. 25

— Estoy segura de ello. Muchas gracias por su amabilidad. Adiós.

p. 54	19	**procesión**	（宗教的な）祭りの行列
	22	**hacer turismo cultural**	遺跡めぐりをする
p. 55	9	**ingreso de divisas**	外貨収入

重要表現

1. 現在完了の推定を表す未来完了

未来完了形は，未来の完了を表すばかりでなく，現在完了で表される「過去」の事柄を「～したのだろう」と推定して表します。

A estas horas mi hija ya **habrá llegado** al aeropuerto de Los Ángeles.

Después de las vacaciones Juan **habrá trabajado** mucho esta semana.

2. 副詞句をつくる〈de modo + 形容詞〉

de modo の後に形容詞をつけると，副詞句になります。〈de (una) manera + 形容詞〉も同じ役割を果たします。

Hemos terminado el trabajo **de modo perfecto**.

Siempre habla **de modo rápido**.

Bailan **de manera elegante**.

3. 女性単数名詞につく定冠詞 el

アクセントがかかる a または ha で始まる女性単数名詞には，定冠詞 el をつけます。しかし，形容詞がこの名詞にかかるときは女性名詞として性数一致を行います。

En este río corre **el agua sucia**, pero antes **el agua** era **limpia**.

Ahora **el agua** no está **fría**.

[15]

RELACIONES CON JAPÓN

スペインと日本の関係は 16 世紀にフランシスコ・ザビエル（Francisco Javier）が布教のために鹿児島に上陸したときから始まります。その後，いわゆる天正の少年使節団や支倉常長のスペイン訪問などがありましたが，やがて鎖国によって全ての接触が絶たれます。明治になってからスペインとの関係が再び始まり，現在は外交・貿易・文化などの分野で大変良好な関係が築かれ，いくつかのスペインの大学では日本語・日本文化が教えられるようになりました。

Las relaciones de España con Japón comenzaron en 1549 cuando el jesuita Francisco Javier llegó a Kagoshima. Esa primera relación de los misioneros se continuaría y extendería a otras áreas comerciales y diplomáticas hasta 1623. Los primeros contactos indirectos entre el rey de España, Felipe II, y el shogun Toyotomi Hideyoshi se realizaron a través de los gobernadores de Manila, a finales del siglo XVI. Después, en el siglo XVII, se formalizarían las relaciones comerciales entre la corona española y el shogunato Tokugawa por medio del virreinato de México. Estas relaciones tuvieron tiempos buenos y tensiones diversas. Al gobierno de Japón le interesaba el comercio con las potencias europeas. Pero temía ser invadido por ellas con el pretexto de la cristianización del país. Otro problema que había era el del comercio entre Japón y España; ambos tenían la misma estructura e intercambiaban productos similares: especias, plata, seda, telas, etc. No había oferta y demanda.

[16] En esta primera etapa de las relaciones hispano-japonesas hubo visitas famosas que pasarían a la historia. En 1584 un grupo de 4 jóvenes japoneses cristianos fueron enviados a Roma, donde se entrevistaron con el Papa; después los llevaron a España y les hicieron ver al rey Felipe II. También es famosa la embajada que el señor feudal de Sendai, Date Masamune, envió a España. El jefe de esa expedición de 180 personas era Hasekura Tsunenaga. Pasaron por México y en octubre de 1614 unos 30 japoneses llegaron a España, donde se entrevistarían en 1615 con el rey Felipe III. Algunos de ellos se quedaron en España. Todavía hay en Coria del Río, provincia de Sevilla, descendientes del grupo de Hasekura, que tienen algunos rasgos japoneses y se apellidan "Japón".

17   La segunda etapa de las relaciones hispano-japonesas comenzaría en 1868, en tiempos del emperador Meiji. El gobierno japonés, que había decidido ya terminar su política de aislamiento, firmaría ese año un tratado comercial y de amistad con España. De nuevo se reanudaron los contactos entre los dos países. Sin embargo, los españoles de Filipinas creían que podría haber peligro del poder 5 militar de Japón. Pero, antes de finales del siglo, en 1898, ya habrían desaparecido los últimos restos del imperio español en Asia con la cesión de Filipinas a Estados Unidos. En el siglo XX las relaciones entre Japón y España han sido buenas. Los intercambios comerciales se han intensificado: tejidos, cueros, vinos, etc., de España a Japón; electrónica, óptica, relojería, etc., de Japón a España. A partir 10 de 1960 se han ampliado las relaciones culturales. Hay universidades japonesas que tienen departamento de estudios hispánicos, y 4 de ellas tienen doctorado. En España hay también universidades que han comenzado programas de intercambio y han establecido cursos de lengua y cultura japonesas. Hoy las relaciones entre ambos países son excelentes en muchos campos.   15

En la universidad de Alcalá, Miguel ha asistido a una clase de cultura japonesa. En la cafetería se encuentra con Mika, de Kobe, que estudia relaciones hispano-japonesas. Son amigos y charlan un rato.

—Hola, Mika, ¿tienes tiempo? Desearía preguntarte algo sobre la embajada de Hasekura. ¿Por qué vinieron a España? — dice Miguel.

—Porque Date Masamune, que tenía en sus dominios de Sendai minas de oro y plata y grandes cultivos agrícolas, quería tener contactos con España en busca de tecnología minera y también para hacer comercio directo. Por ello envió la embajada de Hasekura para comenzar las relaciones con el rey español.

—Esas relaciones entre España y Japón terminaron pronto, ¿verdad?

—Sí. En el siglo XVII el gobierno de Japón decidió cerrar el país a los contactos con el extranjero. Fue una larga etapa de aislamiento que privó a Japón de intercambios culturales y avances técnicos. Así las relaciones con Filipinas y México fueron también cortadas de raíz.

—Ahora las relaciones culturales se están ampliando mucho, ¿no?

—Así es. Hay más de 15 universidades japonesas con Departamento de Lengua y Literatura hispánicas y unas 100 universidades donde se enseña español. Hay 2 asociaciones de Hispanismo y otras de varias áreas culturales hispano-japonesas. Hay publicaciones, diccionarios, etc. También en España se estudia la cultura japonesa, no sólo lo folclórico y exótico.

—El interés comercial y cultural se dirige también a Hispanoamérica, ¿verdad?

—Claro. Hispanoamérica es un mercado con muchas posibilidades económicas que pueden aumentar. Japón desea ampliar las exportaciones de alta tecnología y telecomunicaciones a esos países. Además se están extendiendo los programas de intercambio con universidades y otras instituciones culturales.

p. 58	1	**jesuita**	イエズス会士
	5	**gobernador**	総督
	8	**virreinato**	副王領(ラテンアメリカにおいて，かつてスペインが副王をおいて支配した地域)
	9	**potencia**	大国
	10	**cristianización**	キリスト教を布教すること
	17	**embajada**	使節団
	18	**señor feudal**	大名

1. 過去未来形の叙述用法

　過去未来形は，基本的には過去のある時点から見た未来を表します。ですから，ふつうはこの「過去のある時点」は主動詞によって表され，過去未来形はその従属文のなかで「過去からみた未来」を表すために使われます。また，ある叙述のなかで主動詞がなくても，独立文としてこの意味を表します。特に歴史的な事柄を扱う場合に多く，「（その後）〜することになる」という意味で出来事を展開させます。これを叙述用法と呼びますが，文語として使われ会話では用いません。

> Hubo una guerra entre estos dos países. Luego, **se reconciliarían** después de tantas dificultades.
>
> Ellos llegaron en 1614 a España, donde **se entrevistarían** en 1615 con el rey Felipe III.

2. 使役を表す hacer と目的語

　hacer は「〜させる」という使役を表しますが，後にくる動詞が自動詞なら，使役の対象となる人は直接目的語で表します。他動詞なら，間接目的語になります。

> **Los hacen** ir allí.
>
> **Les hacen** tomar la medicina.

BELLAS ARTES

[19]

日本では美術といえば，主として絵画や彫刻を思い浮かべるのがふつうですが，「美術」と訳されるスペイン語の bellas artes はもっと広い意味を持っていて，音楽，建築などの分野も含み，むしろ「芸術」の意味で使われています。マドリードには世界でも指折りのプラド美術館（Museo del Prado）があり，近年多くの美術館も開設されました。また，いろいろな分野で世界をリードする一流の芸術家がスペインから輩出しています。

En el siglo XX, además de los literatos, ha habido en España buenos artistas: pintores, escultores, músicos, arquitectos, etc. Son especialmente conocidos Antonio Gaudí, quien empezó a construir la Sagrada Familia de Barcelona, y Pablo Picasso que pintó el cuadro "Guernica". Otros pintores famosos son Joan Miró y Salvador Dalí. En la pintura española actual hay muchas corrientes. La 5 pintura abstracta está representada por Antoni Tàpies. Es posible que Antonio López y Antonio Saura sean los mejores pintores del neorrealismo y expresionismo actuales. Como museos de pintura deberíamos recordar ante todo el Museo del Prado, uno de los mejores del mundo. Se inauguró en 1819 y ha sido ampliado en 2007. Este museo ha sido muy visitado últimamente con motivo de grandes 10 exposiciones monográficas: de Velázquez en 1990, de Felipe II en 1998, etc. El Museo Guggenheim de arte contemporáneo de Bilbao, inaugurado en 1997, es el más nuevo de España. Su estilo arquitectónico y su ubicación hacen de él un símbolo de la ciudad. Posiblemente sea uno de los museos más elegantes de Europa.

15

[20]   Referente a la escultura, recientemente hay artistas que hacen estatuas enormes para exponerlas al aire libre, en lugares concurridos de las ciudades. Entre los escultores actuales destacan Eduardo Chillida y Jorge Oteiza, ambos vascos. En el campo de la arquitectura hay que señalar las artísticas construcciones de iglesias y edificios civiles en los años 1960 a 1980. Ahora la arquitectura es más funcional 20 y los materiales más ligeros y vistosos. Ricardo Bofill y Rafael Moneo son arquitectos muy representativos, a los que se ha encargado la remodelación de museos y otros edificios de arte.

[21] En la música, los grandes maestros de la guitarra española, Joaquín Rodrigo y Andrés Segovia han compuesto e interpretado muchas obras. Gracias a ellos, la música de guitarra ha llegado a ser introducida en las composiciones para orquesta. También continúa apreciándose la "zarzuela", o comedia musical tradicional de España. Todos los años en Madrid, Barcelona y otras ciudades 5 hay festivales de zarzuela a los que asiste mucha gente. Probablemente uno de los compositores actuales más conocidos sea Cristóbal Halffter, quien ha compuesto grandes piezas religiosas y profanas. Entre los cantantes de ópera destacan Montserrat Caballé y los tenores Plácido Domingo y José Carreras, a quienes se conoce por sus conciertos con Luciano Pavarotti con el nombre de "los 3 10 tenores". En otras artes plásticas, como el diseño, cerámica, artesanía de vidrio y cuero, etc., los nuevos artistas siguen manteniendo la larga tradición española con gran profesionalidad. También la representación teatral de obras clásicas y modernas cuenta con excelentes directores y actores.

22 En la Academia de Bellas Artes de Zaragoza ha terminado la clase de decoración
artística. Beatriz, joven estudiante de artes plásticas, conversa con el pintor Manuel
Gómez, con quien desea aclarar algunas cuestiones.

—¿Qué opina Ud. de la Feria de Arte Contemporáneo de este año? — pregunta
Beatriz. 5

—Creo que es una buena ocasión de ver las mejores pinturas actuales reunidas
en una exposición conjunta. Ahí se pueden ver las grandes obras que poseen
las galerías de arte. Así la competencia hará que los coleccionistas conozcan y
promuevan más lo que se produce ahora en la pintura española.

—Los nuevos escultores y pintores españoles tienen talento y calidad, ¿verdad? 10

—Los pintores actuales hemos tenido grandes maestros en el siglo XX y
continuamos la tradición. En escultura también ha habido en España buenos
artistas en el último siglo y ahora. Las corrientes abstracta y expresionista han
sido dominantes. Si no la has visto, quiero que vengas conmigo mañana a ver
una exposición en el Museo de Arte Abstracto de Cuenca. Te gustará mucho. 15

—A Ud. también le agrada la música, ¿qué piensa de la zarzuela?

—Como es una especie de opereta cantada y recitada, tiene mucha
originalidad. Además la música, el ambiente, los personajes, etc., es todo muy
español. Creo y deseo que esta manifestación de la cultura musical y folclórica
de España no pierda popularidad entre la gente joven. 20

—¿Qué le parece el nuevo Museo del Prado?

—El Museo tiene mucho más espacio y eso hace posible que apreciemos mejor
las extraordinarias obras de arte que allí se exhiben. Rafael Moneo ha hecho
una obra estupenda, uniendo por detrás el claustro de los Jerónimos al edificio
de Villanueva. Así el Museo es más amplio y su fachada principal está intacta. 25
¡Ojalá mucha gente disfrute de la pintura!

p. 62	7	**neorrealismo**	ネオ・リアリズム
		expresionismo	表現主義
	8	**ante todo**	まず，第一に
	11	**exposición monográfica**	特別展覧会
	12	**Museo Guggenheim**	グッゲンハイム美術館，発音は [gúgenhaim]
	16	**referente a ~**	～に関しては
	20	**civil**	民間の
	22	**se ha encargado**	依頼された

1. 動詞 hacer のいくつかの使い方

1) hacer の基本的な意味のひとつは「作る」ですが，その「材料」は de で表します。

Los niños **hicieron** un castillo **de** arena.

La ubicación del museo **hace de** él un símbolo de la ciudad.

2) 〈hacer que + 接続法〉は「～ことをさせる」という使役を表します。

El profesor **hace que** los alumnos se sienten y empiecen a estudiar.

La competencia **hará que** la industria se desarrolle más.

3) 〈hacer posible que + 接続法〉は「～ことを可能にさせる」という意味を表します。

El desarrollo de la ciencia va a **hacer posible que** vayamos a otro planeta.

El Internet **ha hecho posible que** podamos obtener muchas informaciones.

2. 〈seguir・continuar + 現在分詞〉

seguir と continuar は，「続く・継続する」の意味ですが，後に続く動詞は現在分詞を使います。

Todavía **sigue lloviendo**.

En ese país la economía **continúa desarrollándose**.

p. 63	2	**interpretar**	演奏する
	7	**Halffter**	ハフテル，発音は [háfter]
	9	**Montserrat Caballé**	モンセラット・カバリェ，発音は [Monserát kabayé]
	11	**artes plásticas**	造形芸術
p. 64	1	**decoración artística**	装飾芸術
	4	**Feria de Arte Contemporáneo**	現代芸術展
	7	**exposición conjunta**	総合展覧会
	18	**todo muy español**	きわめてスペイン的な

INDUSTRIA Y COMERCIO

23

　スペインは伝統的に農業国（país agrícola）でした。しかし，19世紀の後半から産業の発展が始まります。そして，20世紀の後半に始まった高度経済成長のおかげで工業は大きく躍進しました。さらに，EU（スペイン語ではUE）に加盟してからは，経済のグローバリゼーション（globalización）に直面しながらも，着実に発展をとげてきました。かつての農業の国スペインは，歴史的に見ればきわめて短期間に大きな経済構造の変化を経験したということができます。

Tradicionalmente España ha sido un país agrícola, con grandes cultivos de cereales, hortalizas, frutas, viñas, etc. La pesca también ha sido una actividad muy importante. El desarrollo industrial, que había comenzado en la segunda mitad del siglo XIX (carbón, hierro, textiles), pasó por diversas etapas hasta la segunda mitad del siglo XX. En este tiempo, con la llegada del régimen 5 democrático y la entrada en la Unión Europea, la industria en España ha hecho un progreso espectacular. Las empresas españolas han cambiado mucho en los últimos años. Acostumbradas a medidas proteccionistas y un sistema de pequeños mercados, han tenido que adaptarse a una internacionalización de la economía. Las multinacionales tienen cada vez más poder en España, que ha abierto sus puertas 10 a las empresas extranjeras. Esta competencia dura ha producido el hundimiento de muchas empresas pequeñas. A la vez, la globalización de la economía ha forzado la fusión de bancos, compañías de transporte, agencias de servicios, etc. Enormes bancos y supermercados han aparecido recientemente.

24 Las mayores empresas españolas en la actualidad son Telefónica (servicios 15 públicos), el Corte Inglés (ropas, electrodomésticos, etc.), Iberdrola (energía eléctrica), Repsol (petróleo, gasolina), Ensidesa (metalurgia). Estas compañías fabrican y exportan muchos productos, pero todavía en España las importaciones superan a las exportaciones en un 25%. Probablemente esto se deba a que España no tiene petróleo ni algunas materias primas. Las mayores importaciones de 20 España son: electrónica, óptica, productos químicos y petróleo. Las exportaciones más importantes son: coches (Seat, Renault, Ford, etc.), cueros y ropa, frutas y verduras, textiles, vino, etc. Más del 65% de las importaciones vienen de países

de la UE; de Oriente Medio (16%), EE.UU. y Japón (10%). Las exportaciones españolas se dirigen principalmente a Europa (70%), América Latina (10%) y África (8%). El comercio de España con Japón está aumentando mucho en electrónica, alimentación, artesanía y otras áreas.

25   Con el desarrollo industrial, el comercio interior también ha aumentado y los 5 servicios sociales se han extendido a todas las regiones. Pero sería necesario que las mejoras económicas se distribuyeran de modo más equitativo. Según los informes de la UE, España todavía está baja en lo referente a salario mínimo, renta per cápita, seguridad social, gastos de educación y sanidad, etc. En esos campos España está a un nivel del 75% comparado con los países más avanzados 10 de la UE. Otro problema de la economía española es el desempleo con una tasa del 12%, la mayor de la UE. Ahora se están creando más puestos de trabajo, pero bastantes son temporales. Es probable que la globalización y el desarrollo industrial beneficien mucho al país, pero sería de desear que esos beneficios fueran disfrutados por todos los ciudadanos.   15

26 En la fábrica de coches Seat, de Barcelona, Paco, ingeniero de montaje, está tomando una cerveza con Leonor, secretaria de una sección. Hablan sobre la evolución de la industria automovilística y problemas laborales.

— La fabricación de coches tiene buen futuro, ¿verdad? — pregunta Leonor.

— Sí. En los últimos 12 años las empresas que fabrican coches en España han ⁵ aumentado su producción. Ayer me dijo el gerente de Seat que procurásemos mantener también la calidad de los coches. Las compañías europeas, americanas y japonesas se están modernizando mucho y sólo podremos competir con ellas si mejoramos la potencia, comodidad y elegancia de los automóviles.

— ¿Cómo ves las importaciones y exportaciones en otros sectores? ¹⁰

— Quisiera ser optimista, pero no puedo. El aumento del consumo y la fuerte demanda han impulsado la economía española. Pero como hay muchos productos que España no fabrica, tenemos que depender de las importaciones. La balanza comercial será deficitaria por un tiempo.

— La crisis de empleo se irá solucionando próximamente, ¿no? ¹⁵

— Quizás en los próximos años la situación mejore algo, pero todavía habrá un elevado índice de paro hasta que se jubile la gente de 50 a 60 años de edad. Las empresas y el gobierno deberían tomar medidas firmes para que pudiesen colocarse más jóvenes en trabajos permanentes. Quizás la plena integración en la UE pudiera ayudar a solucionar el problema. ²⁰

— Ahora están aumentando mucho las inversiones en Hispanoamérica, ¿verdad?

— Sí. Sobre todo Telefónica, Repsol, Seat y otras empresas de barcos, maquinaria y servicios, invierten mucho en México, Argentina, Chile, etc. Sería conveniente que estas inversiones aumentasen, pero no deberíamos avasallar a esos países como si se tratara de otra forma de colonización económica. ²⁵

p. 66	9	**las (empresas) multinacionales**	多国籍企業
	10	**cada vez más**	ますます大きな
	13	**agencia de servicios**	サービス産業
	15	**en la actualidad**	現在，現在における
		Tefefónica	テレフォニカ(電信・電話会社名)
	16	**Corte Inglés**	コルテ・イングレス(デパート名)
		Iberdrola	イベルドローラ(電力会社の名)
	17	**Repsol**	レプソール(石油会社の名)
		Ensidesa	エンシデサ(金属・製鉄会社の名)
	22	**Seat**	セアット(自動車会社の名)

1. 接続法過去の一般的な使い方

1) 最も一般的な使い方は時制の一致によるものです。主動詞が過去形ならば、従属節のなかの接続法も過去形になります。

En aquel entonces queríamos que nos **ayudasen** un poco más.

Era necesario que nos **preparáramos** más para hacerlo.

2) 独立文で副詞 quizá, quizás などの副詞と一緒に用いられると、「(ひょっとしたら)～だろう」という疑惑文になります。接続法現在形も使われますが、疑惑の度合いが大きい場合に過去形が使われます。

Él dice que está muy ocupado, pero quizás **pudiera** venir a la fiesta.

Quizá las medidas que se han tomado **pudieran** solucionar el problema.

2. 過去分詞構文

過去分詞が主文に対して副詞句として働く場合、主文に対する接続詞が省略されていると考えることができます。例えば、理由、時、譲歩などです。現在分詞構文と同じ構造ですが、違いは過去分詞構文のほうは過去分詞の機能がそのままあって、完了や再帰の意味を持つことです。

Terminada la clase, los alumnos empezaron a hablar de ese tema.

Acostumbrado a levantarme tan tarde, no pude despertarme a las siete.

p. 67	3	**comercio**	貿易
	7	**mejora**	好転
	11	**tasa**	率
	14	**sería de desear que ～**	～であることが望ましいだろう
p. 68	6	**gerente**	専務
	13	**depender de ～**	～に依存する
	14	**balanza comercial**	貿易収支
		deficitario	赤字の
		por un tiempo	一時期
	15	**crisis de empleo**	就職難
	18	**tomar medidas firmes**	断固たる措置を取る
	24	**avasallar**	服従させる

LECCIÓN **17** | 命令形

HISTORIA Y CAMBIOS SOCIALES

ローマ帝国の属領であったスペインは，この帝国から多くの影響を受けました。その後，中世には
いくつかの王国（reino）が成立しますが，800年にも及ぶレコンキスタ（国土回復戦争 Reconquista）
を経て，ついに15世紀に統一国家としてのスペインが誕生します。また，カトリック教は長く国教
として信奉されてきましたが，現在では国家権力にかかわることなく，国民の精神的支柱になってい
ます。しかし，近年の大きな社会変革の前に，若者の宗教観には変化が起こっているようです。

España ha sido desde la antigüedad zona de paso de muchas gentes y lugar de
encuentro de culturas diversas. Muchos pueblos vinieron a instalarse en España
y todos ellos trajeron su cultura y sus tradiciones. La influencia mayor en la
lengua y estructura social fue la del Imperio Romano. Durante la Edad Media,
en España había varios reinos independientes: Castilla, León, Navarra, Aragón y 5
Cataluña. Por casi 800 años (718–1492), los reinos hispánicos estuvieron ocupados
en la Reconquista, largo proceso de guerra y convivencia, para expulsar a los
invasores musulmanes de la Península Ibérica. Gracias a la boda de Isabel de
Castilla y Fernando de Aragón, se logró en 1479 la unidad política de España,
que comenzó su historia como estado moderno. 10

El año en que terminó la Reconquista, el 12 de octubre de 1492, llegó Cristóbal
Colón a las islas de las Antillas y así comenzaría la colonización del continente
americano. Muchos otros navegantes, descubridores y gobernantes fueron pasando
al nuevo mundo y se organizaron virreinatos, ciudades, administración política y
eclesiastica, instituciones educativas, agricultura, industria, comercio, etc. El 15
imperio español se extendió por Europa, África, América y Asia. Llegó a su
culmen en los siglos XVI y XVII y se mantuvo con dificultades hasta 1898, en
que finalizaría con la cesión de las últimas colonias asiáticas a EE.UU. Antes,
entre 1811 y 1824 se habían independizado todos los países hispanoamericanos
desde México hasta Chile. 20

Esta historia tan compleja ha producido una mezcla étnico-cultural que todavía
continúa. La Reconquista creó varios reinos que formaron sus características
lingüísticas, formas de gobierno, modos de vida y organizaciones socio-políticas.

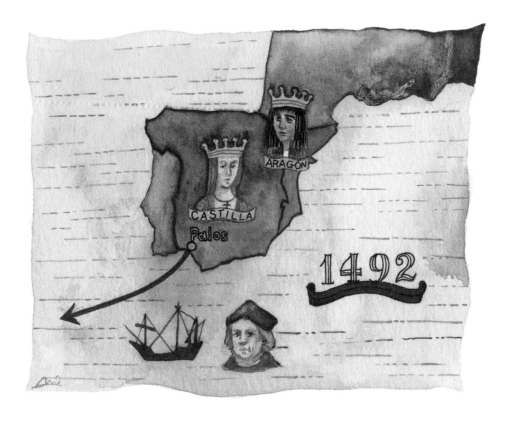

Aquellas características se han conservado hasta hoy, sobre todo en las regiones con más identidad cultural: Castilla, Cataluña, País Vasco y Galicia. Por ello las CC.AA. se han establecido según las antiguas regiones y conservan las lenguas locales. Hay también gran variedad en la arquitectura, folklore, gastronomía, artesanía, etc. Además el contacto con varios pueblos europeos y americanos ha influido mucho en la cultura y carácter del pueblo español. La simpatía hacia los visitantes proviene de la historia del país. Otra base de la civilización hispánica es la religión católica. Las grandes catedrales románicas y góticas, el camino de Santiago, la motivación religiosa de la Reconquista, el impulso misionero de la colonización de América, la Inquisición, etc., muestran la importancia de la religión en la vida de España. Hoy la religión católica no tiene un trato especial en la Constitución de 1978, pero sigue siendo una gran fuerza social. Muchos españoles viven su religión como una serie de ritos sociales, importantes en algunas ocasiones (bautizos, bodas, funerales, etc.), pero de poca influencia en su vida ordinaria.

30 En la universidad internacional Menéndez Pelayo, de Santander, dentro de los cursos de verano, Álvaro va a dar una conferencia sobre la sociedad española. Habla con su amiga Teresa, periodista de temas culturales.

— Estoy haciendo una encuesta sociológica. Dime tu opinión sobre la influencia de la religión en la vida de los españoles. ¿Qué piensas? — pregunta Teresa. ₅

— La religión ha condicionado la historia de España y ha sido clave en la vida de la gente hasta la época franquista. Ahora la sociedad se ha secularizado y sólo un 22% de los españoles practican su religión. No supongas que esta tendencia vaya a cambiar, porque la gente joven es muy indiferente en este tema.

— ¿Cómo ven los extranjeros la mentalidad de los españoles hoy día? ₁₀

— Siempre se ha dicho que la mezcla intercultural del pueblo español favorecía la apertura a los extraños. No escribas en tu encuesta que esta característica ha desaparecido. Pero afirma claramente que la afluencia económica y la competividad están cambiando negativamente a la gente.

— ¿Crees que se está extendiendo la xenofobia en España? ₁₅

— Los españoles dicen que aceptan a los de distinta raza. Pero si los tienen cerca, en su familia o su pueblo, los sentimientos cambian. Pon en tu encuesta que en España, con un 10% de extranjeros, la xenofobia e intolerancia están aumentando, como en Austria, Alemania, Italia, Francia, etc. La reciente Ley de Extranjería no es aún generosa con los inmigrantes. ₂₀

— ¿La convivencia entre los españoles está mejorando? Cuéntame tu experiencia.

— La democracia y libertad han traído más igualdad y tolerancia en las relaciones sociales. Pero todavía hay terrorismo y focos de violencia injustificada. Además se ven actitudes egoístas en las CC.AA., lo que produce insolidaridad y rivalidades entre algunas regiones. Díselo así a tus lectoras. ₂₅

1. 否定になると使われる接続法

creer・pensar（思う・考える）などの動詞は，que で導かれる従属節を目的語にすることができます。この構文のとき，その動詞を主動詞と呼びます。主動詞が肯定の場合，従属節には直説法が使われますが，否定の場合には接続法が使われます。

> Creo que aquí **va** a celebrarse la reunión.
>
> No creo que aquí **vaya** a celebrarse la reunión.
>
> Pienso que eso **es** muy importante.
>
> No pienso que eso **sea** muy importante.

2. 肯定の命令形につく弱い代名詞

肯定の命令形（tú と vosotros に対する命令法も含む）とともに弱い代名詞が使われる場合，この代名詞を動詞の後ろにつけて一語として表現します。この場合，動詞のアクセントの位置が語全体のアクセントになります。従って，発音上のアクセントが最後から3番目にくる場合はアクセント符号をつけることが必要になります。

> ¿Tengo que hacerlo ahora? — Sí, **hazlo** ahora mismo.
>
> No lo comprendo. — **Compréndelo**.
>
> ¿Se lo digo? — Sí, **díselo**, por favor.

p. 72	6	**condicionar**	大きな影響を与える
		clave	かなめ，最も重要なもの
	7	**secularizarse**	宗教的でなくなる
	8	**practicar su religión**	自分の宗教を実践する，宗教活動をする
	11	**mezcla intercultural**	異文化が混じり合うこと
		favorecer	助長する，容易なものにする
	13	**afluencia económica**	経済的に豊かになること
	20	**Ley de Extranjería**	外国人登録法
	23	**foco de violencia**	暴力の火種

[31]

RELACIONES INTERNACIONALES

　レコンキスタが終わり，スペインという統一国家ができたのは 15 世紀末のことですが，その後この国は中南米，アジア，アフリカにその領土を拡げていきます。18 世紀と 19 世紀には世界の覇権 (hegemonía) を競ってフランス・イギリスと敵対し，紛争になることもありました。20 世紀に入るとフランコ独裁のためにスペインは長く孤立 (aislamiento) を余儀なくされます。しかし，民主主義の国となった現在のスペインには，かつての歴史的つながりから中南米・アラブ諸国とヨーロッパをつなぐ役割が期待されています。

Desde los tiempos antiguos la Península Ibérica ha sido una región abierta al mar y al contacto con otros países y continentes. Así desde la formación del estado español a finales del siglo XV, España ha estado en el centro de la política europea. Los reyes españoles de la Casa de Austria intervinieron en muchos conflictos de Europa en los siglos XVI y XVII. Además debido a sus posesiones 5 en América, África y Asia, España tuvo que hacer una política intercultural y universalista. Es muy importante el papel de la universidad de Salamanca, la más antigua de España, como lugar donde se comenzó a elaborar el derecho internacional. Las relaciones de España con los nuevos países descubiertos planteaban graves cuestiones sobre los derechos humanos y sociales de los indios 10 que vivían en aquellos lugares. Los catedráticos de Salamanca, sobre todo Francisco de Vitoria, pusieron los fundamentos de las relaciones internacionales basadas en la igualdad de derechos entre los pueblos.

[32]　En los siglos XVIII y XIX España continuó sus relaciones con los países europeos en buena convivencia, aunque a veces con enemistades. Tuvo problemas 15 con Inglaterra y Francia porque esos países aspiraban también a una hegemonía en la política internacional. Especialmente con Inglaterra había choques por motivos comerciales y por la política expansionista de ambos países. Posiblemente en esos siglos las peores relaciones de España hayan sido con Inglaterra, que todavía conserva la colonia de Gibraltar en suelo español.

20

[33]　Durante el siglo XX España ha tenido una larga época de aislamiento a causa de la Guerra Civil y la dictadura de Franco. No intervino en la II Guerra

Mundial, pero en 1955 ingresó en la ONU. Es una lástima que España no haya tenido relaciones normales con los países extranjeros durante ese tiempo, pero debido a la ideología del régimen franquista no hubieran sido posibles unas relaciones abiertas. A partir de 1975 España reanudó sus relaciones con todas las naciones, incluso los países comunistas. Gracias a la llegada de la democracia, la 5 ideología anticomunista y antisemita desapareció, y España rehizo sus relaciones internacionales como un país normal. Entró en la Unión Europea y volvió a ocupar el lugar que le hubiese correspondido desde el principio en una Europa unida debido a su larga historia. Ahora, además de ser uno de los países más europeístas y haber entrado en el sistema del euro con entusiasmo, España tiene 10 buenas relaciones con todos los países, especialmente con Hispanoamérica y los países árabes. Esas 2 zonas geográficas son muy importantes para España no sólo comercialmente, sino también culturalmente, por sus relaciones históricas. Como un país antiguo de Europa y como puente entre ésta y el mundo hispanoamericano y árabe, España debe desempeñar un papel importante 15 en la política y las relaciones internacionales en el siglo XXI.

34　En la universidad de Salamanca, Alfonso Díaz, profesor de derecho internacional, va a dar su clase de posgraduados. Conversa con Felisa, alumna de doctorado, que estudia relaciones internacionales.

—Profesor, en Salamanca hay una gran tradición sobre el derecho de gentes, ¿verdad? 5

—Sí. Esta universidad siempre se ha distinguido en estudios de derecho y relaciones internacionales. En el siglo XVI hubo aquí grandes profesores que plantearon los problemas de la dominación de América y el trato de los indios. Me alegra que hayas elegido ese tema para tu investigación de doctorado.

—¿Cree Ud. que España ocupa un lugar digno en la comunidad internacional? 10

—Desde 1898, España pasó una larga etapa de reclusión y durante el franquismo estuvo bastante marginada. En el último tercio del siglo XX España ha vuelto a tomar el puesto que hubiera debido tener en el mundo civilizado. Creo que ahora las relaciones internacionales españolas son aceptables.

—¿Qué piensa Ud. de la globalización y el nuevo orden mundial? 15

—Son positivos en la medida en que consigan una integración, democratización y solidaridad entre los pueblos. Pero los bloques militares y políticos a veces miran sólo por sus intereses e intentan coaccionar o intervenir en otros países. Yo preferiría que conflictos como el de Irak se hubiesen solucionado de modo pacífico. 20

—¿El papel de la ONU debería ser reforzado? ¿Qué opina Ud.?

—La ONU es la única organización que tiene la máxima legitimidad para regular las relaciones internacionales. Me satisface que la autoridad de la ONU haya sido un poco reforzada últimamente y desearía que Europa, EE.UU., Rusia, etc., no actuasen fuera de las determinaciones de las Naciones 25 Unidas. España también debe moverse en ese marco legal.

p.74	4	**Casa de Austria**	オーストリアのハプスブルグ家
	6	**intercultural**	異文化を対象にした
	7	**universalista**	世界主義的な
	8	**derecho internacional**	国際法
	9	**los nuevos países**	新世界の国々
	12	**poner ~ basado en ...**	~の基礎を...に置く
	15	**en buena convivencia**	友好的に
	16	**aspirar a ~**	~を強く望む

1. 接続法現在完了の使い方

まず，接続法が要求される構文で使われます。そして，時が現在完了であればこの形が使われます。独立文では，疑惑を表す場合は quizá や posiblemente などの副詞とともに使われます。

Espero que **hayan limpiado** sus cuartos.

Me alegro mucho de que le **haya salido** bien el examen.

Posiblemente Juan **haya terminado** ya su trabajo.

2. 接続法過去完了の使い方

基本的には接続法が使われる構文で過去完了の必要があるときこの形が使われます。ただし，接続法過去完了は感情表現以外は過去に実現しなかった事柄を「〜すべきだった」「〜すればよかった」の意味でも使われます。

Yo esperaba que **hubiesen limpiado** sus cuartos, pero no lo hicieron.

Me alegré mucho de que le **hubiera salido** bien el examen.

El niño repasó la lección que **hubiera debido** estudiar antes.

3. 不定詞の単純形と完了形

不定詞には単純形（comer）と完了形（haber comido）があります。不定詞の完了形は，主文に対して「完了」や「ひとつ前の時点」を表します。

Además de **haber entrado** en el club de tenis, hace otros deportes.

p. 75	6	**antisemita**	ユダヤ人排斥の
		rehacer	見直す
	8	**corresponder a 〜**	〜にふさわしい，〜に与えられるべきである
p. 76	10	**comunidad internacional**	国際社会
	12	**último tercio del siglo XX**	20 世紀の後半の約 30 年間
	16	**positivo**	有益な
		en la medida en que	〜する範囲内では
		integración	統合
	22	**regular**	調整する

LECCIÓN **19** | 非現実的条件文

PAÍSES HISPANOAMERICANOS

[35]

スペインはローマ帝国の属領だった時代にヒスパニア（Hispania）と呼ばれていました。ここから hispano という形容詞は現在でも「スペインの」または「スペイン系の」という意味で使われています。ですから，ラテンアメリカの中でスペイン語が話されている 19 カ国はイスパノアメリカ（Hispanoamérica）と呼ばれています。これらの国々ではスペイン語が共通して使われていますが，その文化，風土，生活習慣などは国によって異なり，実にさまざまな違いを見せています。

Hay 19 países hispanoamericanos con una población de 400 millones de hispanohablantes. Esos países tanto étnica como culturalmente tienen una variedad inmensa. La lengua española se extendió por Hispanoamérica a partir del siglo XVI, pero las diferencias lingüísticas de esos países son numerosas. El español de México, Argentina, Colombia, Cuba, etc., es algo distinto, no sólo la 5 pronunciación y entonación, sino también muchas palabras, expresiones, giros, etc. Pero todos los hispanohablantes podemos entendernos perfectamente en cualquier lugar. Además del español hay en Hispanoamérica algunos otros idiomas y bastantes dialectos que se hablan actualmente. Si no hubiera habido una lengua común, no se habría formado una base cultural uniforme. 10

[36] Las costumbres sociales de Hispanoamérica tienen gran influencia de la cultura española, pero perviven muchos elementos de las culturas indígenas. La familia es muy importante en Hispanoamérica y los lazos familiares son fuertes, a pesar de que los cambios sociales han influido en la institución familiar. Los jóvenes allí se casan antes que en Europa. Especialmente la gente del campo suele casarse 15 hacia los 21 años las mujeres y 24 años los hombres. El noviazgo varía según los países, pero los jóvenes eligen libremente a su cónyuge. Casi todos los matrimonios se celebran en la iglesia, porque la mayoría de la gente es católica. Sin embargo, también en Hispanoamérica están aumentando los divorcios. La tasa de natalidad es bastante elevada (36 por 1000) y la mortalidad es inferior al 10 por 1000. Por 20 eso la población está aumentando, aunque hay una densidad de población relativamente baja (34 habitantes por km^2).

[37] En la cultura hispanoamericana, las fiestas populares tienen mucha

importancia. Son muy variadas según los países y regiones. Hay fiestas religiosas, nacionales y puramente sociales. Destacan la Navidad, Pascua, el día de la Raza (12 de octubre), las fiestas de independencia en cada país y otras celebraciones sociales. En todas esas ocasiones la música y el baile están presentes. Si no hubiera música no podrían celebrarse las fiestas. La música, el folklore, los instrumentos musicales y los ritmos de danza tienen influencias externas y son variadísimos. La comida y bebida son también muy diversas. El maíz es la base de la alimentación. Hay también otros productos americanos que pasaron a la comida europea. Si no hubiesen venido los españoles a América, no se habrían conocido tan pronto en Europa las patatas, legumbres, tomates, cacao, tabaco, etc. La agricultura es muy variada debido a la extensión y diferentes climas. Hay allí muchos recursos naturales, pero la industria no está aún desarrollada. Por eso Hispanoamérica depende de los países ricos, su balanza comercial es deficitaria y su deuda externa es muy pesada.

38 En la zona arqueológica de Chichén Itzá, centro de la civilización maya de México, Anselmo y Cristina, estudiantes de la universidad de Buenos Aires, visitan la famosa pirámide y charlan animadamente.

—Estos restos de antiguas culturas son impresionantes, ¿verdad?— dice Cristina.

—Sí. En Hispanoamérica hubo varias civilizaciones prehispánicas muy ₅ importantes: olmeca, maya, azteca, nazca, inca, etc. Su organización religiosa y su estructura socio-política eran avanzadas. Ya conocemos Perú y Guatemala. Si mañana hace bueno, iremos a Teotihuacán y apreciarás la civilización de la "ciudad de los dioses".

—En estos países vemos los rasgos culturales que nos unen y separan, ¿no? ₁₀

—Así es. La lengua y cultura de nuestros países tienen mucho en común y esos lazos deberían ser más reforzados política y económicamente. También hay diferencias notables entre nosotros: México, Argentina, Perú, etc., son muy distintos. Si hubiera más integración y cooperación, nuestra identidad cultural sería mayor y nuestra influencia en la comunidad internacional aumentaría. ₁₅

—Los países hispanoamericanos aún dependen mucho del exterior, ¿qué piensas?

—Es increíble que Hispanoamérica con tantas materias primas no haya formado una estructura industrial autónoma. Además, por la mala transportación, la inestabilidad monetaria y el atraso tecnológico, nuestros países no tienen un comercio fuerte y dependen de fuera. Así el déficit comercial sigue aumentando. ₂₀

—¿En qué aspectos debe progresar más Hispanoamérica en el siglo XXI?

—Necesitamos mejor sanidad y formación profesional de la juventud. También se necesita una organización política más responsable y eficaz. Creo que deberíamos organizar una zona comercial hispanoamericana semejante a la UE. Si pudiésemos reforzar la Cumbre Iberoamericana, avanzaríamos mucho ₂₅ en el siglo XXI. El narcotráfico, la desigualdad social y la deuda externa deben desaparecer.

1. 現在の事実に反する場合の条件文

　現在の事実に反する仮定，または実現がむずかしい事柄を仮定するには，非現実的条件文を使います。条件節には接続法過去を用います。帰結節には直説法過去未来を使います。

> Si **tuviese** dinero y tiempo, me **gustaría** dar una vuelta al mundo.
>
> Si yo **tuviera** alas, **podría** volar libremente en el cielo.

2. 過去の事実に反する場合の条件文

　過去の事実に反する仮定，つまり過去に実現しなかった事柄を仮定する場合には，非現実的条件文を使います。この場合，条件節には接続法過去完了を用います。帰結節には直説法過去未来完了を使います。

> Si Juan **hubiera estudiado** un poco más, **habría salido** bien en el examen.
>
> Si **hubiese tenido** bastante tiempo, **habría podido** dar una vuelta al mundo.

p. 78	6	**giro**	文体
	15	**gente del campo**	田舎の人々
	17	**cónyuge**	配偶者
p. 79	2	**Pascua**	復活祭
		día de la Raza	民族の日（コロンブスのアメリカ到着の日を記念する）
	10	**legumbre**	豆（まめ）類
p. 80	1	**zona arqueológica**	考古学的発見がしばしば起こる地域
	5	**prehispánico**	コロンブスのアメリカ大陸到着以前の
	8	**hace bueno**	天気がよい
	21	**aspecto**	分野
	25	**Cumbre Iberoamericana**	イベロアメリカ・サミット（イベロアメリカはブラジルを含む）

LECCIÓN **20**

ESPAÑA EN EL SIGLO XXI

かつてスペインは西ヨーロッパの中で唯一存在する独裁者の国と言われてきました。しかし，その後四半世紀で民主主義が十分に機能する国になりました。歴史的に言えば決して長いとはいえない期間にこれほどの変貌が可能だったのは，長い歴史を持つヨーロッパという土壌に関係しているのかもしれません。スペインはいろいろな問題をかかえながらも着実に前進しています。「明るく陽気なスペイン」というイメージを乗り越えてこの国の多様な文化を理解していくことは，スペイン語を学ぶ者にとって大きな「知的な冒険」となることでしょう。

Hemos visto las cosas más importantes de la sociedad española, su cultura, su gente, comidas, fiestas, deportes, música y cine. También hemos estudiado la literatura, las artes, el sistema político y educativo, la industria y las relaciones internacionales de España e Hispanoamérica. Con eso tenemos una idea bastante exacta de cómo son hoy día España y los españoles. Pero, como vimos al principio ₅ de este libro, España es un país antiguo y también moderno: el pasado y el futuro son igualmente importantes. Por eso, en el siglo XXI España debe continuar avanzando no sólo económica y comercialmente, sino también culturalmente. Debe seguir fomentando la paz, y conservar las buenas relaciones con todos los países, especialmente los hispanoamericanos. ₁₀

Aunque España ha progresado mucho en los últimos 20 años, todavía hay problemas que necesitan solución. El terrorismo político de ETA continúa asesinando a gente inocente y divide a la sociedad. El paro obrero no cesa y aún hay mucha gente que no tiene un trabajo fijo. La distribución de la riqueza y de las cargas sociales es más equitativa, pero últimamente algunos grupos están ₁₅ siendo marginados. Otro problema serio es el de la droga, sobre todo entre la juventud. La legislación española es bastante liberal y el consumo privado de las drogas blandas es legal. Así han aumentado los drogadictos y los crímenes cometidos por gente que necesita drogarse y no tiene dinero para conseguir la droga. También está aumentando en España, como en toda Europa, el consumo ₂₀ de tabaco y alcohol entre los jóvenes. Otra causa de bastantes muertes son los accidentes de tráfico, debidos a la velocidad, el alcohol y las imprudencias de los conductores. Así a pesar de la modernización, en el siglo XXI España debe solucionar algunos fallos sociales.

41 ¿Qué decir de la lengua y cultura españolas? Hoy día mucha gente estudia español. En el siglo XXI el español será la segunda lengua más hablada del mundo. Por eso el conocimiento de esa lengua va a ser cada vez más útil. En 5 Japón está aumentando el número de los que estudian español, no sólo en las universidades sino también en las compañías. Ahora muchos japoneses van a España a estudiar. Para conocer ese antiguo país de lengua y cultura milenarias y para experimentar la vida de la gente, muchas universidades y academias españolas dan cursos para extranjeros. Hay cursos normales de 9 meses, cursos 10 intensivos de 2 o 3 meses, cursos de verano, etc. Allí no sólo se estudia la lengua, sino también literatura, historia, arte, economía, etc., de España e Hispanoamérica. Conocer la cultura hispánica es una aventura emocionante y además puede servir para una especialización y un trabajo agradable y bien remunerado. Así el dominio de la lengua española será muy útil a la gente joven, 15 porque eso va a ser cada vez más valorado en el siglo XXI.

42 En Santiago de Compostela, en un simposio de cultura internacional, Rodrigo, sociólogo español, habla con dos turistas que han recorrido juntas un tramo del camino de Santiago. Son Erika, alemana, y Yuki, japonesa.

—En los últimos años España ha cambiado mucho, ¿verdad? — pregunta Erika.

—Sí — contesta Rodrigo —. La democratización política con el Estado de las 5 Autonomías, la recuperación económica y las relaciones exteriores han sido transformaciones muy profundas. Además la educación, la vida y la mentalidad de la gente han tomado un carácter más europeo y abierto.

—Pero todavía hay algunos tópicos sobre la sociedad española, ¿no? — dice Yuki.

—Sí. Hay bastantes extranjeros que aún ven a España solamente como el país 10 de los toros con mucho sol, flamenco, etc. También hay gente que cree que España sigue siendo un país totalmente católico, atrasado y agrícola. Como habréis observado, estos estereotipos ya no son ciertos.

—Los españoles se sienten a gusto en la Unión Europea, ¿no es así? — dice Erika.

15

—Así es — dice Rodrigo —. La mayoría de los españoles desean participar plenamente en la unión monetaria del euro y en los demás programas socio-culturales europeos. Pero creo que este entusiasmo quizás disminuya un poco cuando veamos que la unión económica tiene también sus efectos negativos: precios altos, competencia dura e inestabilidad financiera. 20

—Ahora vienen a España muchos estudiantes japoneses. Yuki, ¿crees que eso producirá un mejor entendimiento hispano-japonés? — pregunta Rodrigo.

—Creo que sí — responde Yuki —. En Japón hay interés por el folklore español y bastante gente aprende flamenco y guitarra. Ahora necesitamos conocer también la literatura, cultura, arte, sociedad, etc., de España. Los estudiantes 25 japoneses que vienen a España estudian y hacen amigos. En el futuro eso favorecerá una mayor cooperación entre ambos países.

重要表現

1. cuando に使う直説法現在と接続法現在

時を表す接続詞 cuando には，二つの叙法を使うことができます。直説法現在が使われる場合には，習慣や繰り返されている行為などを表します。接続法現在が用いられると，未来の行為を表します。この未来の行為は確実な未来であっても，不確かな未来であっても，未来である限り接続法現在が用いられます。

Cuando **tengo** tiempo los domingos, suelo jugar al tenis.

Cuando **voy** a la universidad, voy en bicicleta.

Cuando **vaya** a la universidad mañana, iré en bicicleta.

Llámame por teléfono cuando **vengas** a Kobe otra vez.

2. 動詞 conocer の使い方

conocer は「体験や交際を通じて知る」ことを意味します。従って，行ったことがある土地や交際のある人物が目的語になることが多いのですが，そのほかに「よく知る，身をもって知る」場合にも使われます。

Yo **conozco** al Sr. Yoshida.

Él **conoce** Madrid muy bien.

Estudio español para **conocer** la cultura hispánica.

¿**Conoce** Ud. el plan de construcción del puente?

Ella **conoce** mucho la literatura española.

p. 82	9	**fomentar**	確立する
	15	**cargas sociales**	社会的負担
	18	**droga blanda**	弱い麻薬(マリファナなど)
	19	**drogarse**	麻薬を使う
p. 83	2	**fallo social**	社会的な欠陥
p. 84	3	**camino de Santiago**	サンティアーゴ巡礼道(スペインのサンティアーゴ・デ・コンポステーラに向かう巡礼のための道)
	5	**Estado de las Autonomías**	自治州の国家
	9	**tópico**	決まり切った言いぐさ
	13	**estereotipo**	決まり文句
	14	**sentirse a gusto en ～**	(～に加盟して)よかったと感じる
	27	**favorecer**	～に役立つ

★本書の録音 **CD**（2枚組）
収　録　本文
　　CD 1: Lección 1〜10 / **CD 2**: Lección 11〜20
　　（□中の数字はトラック番号．段落ごとに入っています）
吹 込 者　Luis Cebollada, Rumi Tani, Elena Gallego, Antonio Ruiz
価　格　本体 1,500 円（税別）

著者紹介
───────────────
西川　喬（にしかわ　たかし）
　　神戸市外国語大学名誉教授

Ceferino Puebla（セフェリーノ・プエブラ）
　　関西大学非常勤講師

─────── **音声サイト URL** ───────

本テキストの音声は Web 上で
お聞きいただけます。

https://text.asahipress.com/free/spanish/espanaaldia/

※**本テキストは (有)第三書房営業終了に伴い、2023 年度より (株)朝日出版
　社（〒101-0065　東京都千代田区西神田 3-3-5、電話(03)3239-0271）で販
　売いたします。**
※**なお、CD の販売はございません。**

ISBN 978-4-255-55144-9　C1087

《改訂版》
スペインを知るために

2011 年 3 月 10 日　初版発行
2020 年 3 月 26 日　5 版発行

著　者　西　川　　喬
　　　　セフェリーノ・プエブラ
発行者　藤　井　嘉　明
印刷所　研究社印刷株式会社
〒162-0801 東京都新宿区山吹町 363
Tel. 03(3267) 8531(代) 振替 00100-9-133990

発行所　有限会社　第三書房

落丁・乱丁本はお取り替えいたします.
Printed in Japan
ISBN 978-4-8086-3030-0

「読解力」や「表現力」をさらに高めるために！
スペイン語、もっと先へ！

渡辺克義／エフライン・ビジャモール・エレロ 共著

中級向けの学習書がもっとあったら…という声に応えた，スペイン語力を高めたい初級修了者のためのCD付き教材．ハンディサイズで手軽に「読解力」や「表現力」を高められます．楽しく読めるスペイン語テキスト（単語註・全訳掲載）と初級レベルより一歩上の文法解説．大学入試問題（和訳・作文）をたっぷり掲載しました．

A5変型判　176頁　CD付　定価（本体1600円＋税）

「豊富な例文集」＋「場面別会話」の便利な2部構成
スペイン語会話
クイックレファレンス

マヌエル・デル・セーロ 著
小池和良／小池ゆかり 訳編

仏 Didier 社刊 *L'Espagnol utile*（役に立つスペイン語）を日本人学習者向けにアレンジ．中級スペイン語会話の知識や表現力を見につけるための実践書です．コミュニケーション行為を109項目にまとめた「豊富な例文集」＋ドラマ風にCDに収録した「場面別会話」の2部構成．言葉づかいや用語のニュアンス，話す際の注意点について，生きた知識が満載．知りたい表現がすぐに見つかるクイックレファレンス．

四六変型判　310頁　CD付　音声ダウンロード
定価（本体2500円＋税）